高考热点作家

深度还原考场真题，感受语文阅读题的魅力
一书在手，阅读写作都不愁

躲在季节里的村庄

高亚平／著

中国出版集团有限公司

世界图书出版公司
上海　西安　北京　广州

图书在版编目（CIP）数据

躲在季节里的村庄 / 高亚平著 . — 上海：上海世界图书出版公司 , 2024.4
（高考热点作家 / 李继勇主编）
ISBN 978-7-5232-1022-2

Ⅰ . ①躲… Ⅱ . ①高… Ⅲ . ①阅读课—中学—教学参考资料 Ⅳ . ① G634.333

中国国家版本馆 CIP 数据核字（2024）第 035925 号

书　　名	躲在季节里的村庄	
	Duo zai Jijie Li de Cunzhuang	
著　　者	高亚平	
责任编辑	魏丽沪	
出版发行	上海世界图书出版公司	
地　　址	上海市广中路 88 号 9-10 楼	
邮　　编	200083	
网　　址	http://www.wpcsh.com	
经　　销	新华书店	
印　　刷	天津市天玺印务有限公司	
开　　本	700mm × 1000mm　1/16	
印　　张	14	
字　　数	174 千字	
版　　次	2024 年 4 月第 1 版　　2024 年 4 月第 1 次印刷	
书　　号	ISBN 978-7-5232-1022-2/G・857	
定　　价	39.80 元	

前　言

随着语文考试内容的改革，阅读的重要性逐渐凸显出来。近年来阅读题的比重在高考考试中不断加大，阅读内容也越来越丰富，天文、地理、历史、科技等均有涉及；同时，体裁呈现多样化，涵盖散文、戏剧、小说、新闻等。文章涵盖面越来越广，意味着对学生阅读能力的要求越来越高。所以我们应该清晰地认识到，阅读能力的高低直接影响分数，如果阅读能力不过关，那么考试成绩肯定不会理想。

"读不懂的文章，做不完的题"一直是中学生面临的难点和困境。这就要求学生不能停留在过去的刷刷考卷、做做练习题，或是阅读一两本课外书的阶段，而是要最大限度地提升阅读能力，理解文章作者和出题人的意图，只有让学生进行大量有针对性的阅读，才是最切实有效的方法。

语文知识体系的构建和语文素质的养成，既需要重视课堂学习，又需要重视课外积累。那课外积累应该怎么做呢？高质量的课外阅读是非常有效的，这已经成为提升学生"综合竞争力"的有效手段。因此，我们策划出版了"高考热点作家"课外阅读丛书，为广大中学生提供优质的课外读物。

这套系列丛书共 8 册，每册收录一位作者的作品，选取了该作者入选省级以上高考语文试卷、模拟卷阅读题的经典作品，以及该作者未入选但适合中学生阅读的作品，帮助学生扩大阅读面，对标高考。书中对每篇文章进行了赏析、点评和设题，能够助力学生阅读，有利于提升学生的文学素养、答题能力和答题速度。

本系列丛书收集了在国内高考语文试卷阅读题中经常出现的8位"热点作家"高亚平、乔忠延、王剑冰、王必胜、薛林荣、杨献平、杨海蒂、朱鸿的优秀作品。这些"热点作家"入选高考语文试卷阅读题的作品多以散文为主，他们的作品风格多样，内容丰富，但都具有很高的文学价值和浓郁的时代气息。这些作品不仅对中学生阅读鉴赏能力和写作水平的提升有促进作用，还对中学生的生活和学习具有启迪和指导意义，我们相信这套丛书会受到广大师生的喜爱和欢迎。

　　新高考背景下的语文学习，阅读要放在首要位置。事实上，今后的高考所有学科都会体现对语文水平的考查。不仅是语文试卷增加了阅读题的分量，其他学科也越来越注重对学生阅读理解能力的考查。提升阅读能力是一项任重道远的工作，重在培养兴趣，难在积累，贵在坚持。只要持之以恒，一定会有意想不到的收获。

目 录
CONTENTS

第三辑　都市志

▶作家带你练

▶名师带你读

第一辑　乡野志

春天说来就来了，一夜东南风，一夜小雨，大地便变得朗润起来，树木就慢慢地吐出了嫩芽。春风也唤醒了母亲渴望种菜的那颗心。赶在雨水前，母亲找了一把锄头，用了两天时间，把院中的隙地用心地深翻了一遍，又用耙把翻出来的土坷垃捣碎，还整理了垄畦，一块菜地就算做好了。

作家带你练

阅读下面的文字，完成问题。（24 分）

鸟　群

①又是一个金风送爽的季节，我携妻带子回到了故乡。原野上，一丘丘成熟的水稻、苞谷、大豆散发出一种诱人的清香。农人们正在修车磨镰准备秋收，孩子们在乡场上玩耍，一群群的鸡在田畔渠头觅食。我望着眼前这些熟悉的场景，心里感到异常亲切。然而，于我的记忆中，似乎总少了一些什么，是什么呢？是鸟群。那种一到秋天，便一群一群的，于空中盘旋起落、呼啸而过的鸟群。

②在我童稚的心灵里，在我少年无羁的记忆里，鸟群实在是一种令人陶醉的景观。

③我的家乡在樊川的腹地，它南依终南山，北靠少陵原，东傍一片丘陵，西依神禾原。川地中有无数的溪渠沟汊穿流其中。独特的地理环境使这里水丰地肥、林木丰茂，是鸟类栖身觅食、繁衍生息的理想所在。记忆中，少年时代家乡的鸟似乎特别地多，房前屋后，水湄旷野，到处可见到鸟儿们飞翔的身影，觅食、嬉戏的踪迹。

我家的门前是一道小溪，缘溪边生长着两排高大的树木，树木多为白杨、榆柳，也有一棵苦楝。树木的顶端有许多鸟窝，小巧玲珑的斑鸠窝，棕色硕大的喜鹊窝、铁老鸦窝，还有白鹤窝、黄鹂窝，以及一些不知名的鸟窝。至于燕子和麻雀，它们的窝多筑于人家的檐下屋内，树上找不到它们的巢穴。因了这个缘由，故而，我一年四季可以听到鸟儿们的鸣啼。

④春天，草木萌动，乡间便是一片欣欣向荣。"几处早莺争暖树，谁家新燕啄春泥"，燕子、大雁北迁，它们开始忙碌筑巢。杜鹃声声，黄莺乱啼，麻雀亦叽叽喳喳，让人觉出一片盎然的春意。我常常于酣眠中被窗外树木上的鸟鸣声惊醒，睁眼一看，外面已是一片明媚；阳光已越上了窗棂，爬上了树木梢顶。这时，我的心情便无限愉悦，穿衣、起床、吃饭。邀上小伙伴们，奔向原野上拔猪草，游玩嬉戏，找鸟窝，掏鸟蛋，或用自制的弹弓打鸟。鸟往往罹弹而殒，鸟蛋也往往被我们从树洞鸟窝中摸出，这些都被我们用湿泥裹了，放在火中烧透烤熟，撒上从家中偷出来的盐巴，分而食之。那种甘美、醇香，让我至今难忘。

⑤一首外国歌谣这样唱道："夏日来了，令人回忆。"其实，令我回忆的鸟群，在家乡的夏日里是绝然看不见的。这并非鸟儿不多、不能成群的缘故，而是因为鸟儿们这个季节正忙于繁殖哺育后代；或者耐不得炎热，藏进绿树丛中。整个夏天，其实是鸟儿最多的时候，它们不扎群，亦不大鸣叫，只是在翁翁郁郁的树林里飞来飞去。只有到了傍晚，百鸟噪林的时候，你才可感到鸟儿的繁多，鸟群的庞大。一次，我和几位伙伴在树林中找蝉蜕，耐不得鸟儿的聒噪，我随手捡了一块石头，向树枝间使劲扔去。随着一声哀鸣，一只麻雀便若一片骤遭虫蛀霜打的树叶一样，从树枝间掉了下来。受惊的鸟儿"轰"的一声飞向天空，霎时间，鸣声一片，黑了头顶上的一片天空。

⑥然而，最让我痴迷的还是家乡秋天原野上的鸟群。

⑦几场秋风、几场秋雨之后，故乡的原野上便是一片金黄了。于丽日下，于澄明的碧空中，我们常常可以看见一道魅人的风景，那就是雁阵。大雁们排着"一"字形或"人"字形的队伍，嘎咕嘎咕地鸣叫着，从我们的头顶飞过，由北而南，渐去渐远，以至于无，令少年时代的我，生出无限的畅想。而呼啸的麻雀群，若风暴骤起于萍末，在庄稼地的上空，在乡场，刮来刮去，亦让人有一种惊心动魄的感觉。有时，麻雀群停驻在十几棵光秃秃的树上，树上便立刻像长满叶子。这些叶子在叫嚷着，吵闹着，让人觉出一种无限的生意。至于灰喜鹊，它们往往也在这个季节一大群一大群地从村庄的上空飞过，从原野上飞过，不知从哪里来，亦不知往哪里去了。还有一种鸟，我不知道叫什么名字，专门吃柿子。也是大群地来，每次来，家乡的柿子便会遭一次劫。但家乡人似乎并不恨这种鸟，有时在摘完柿子后，往往还给树上留下几个，供这些迟来的鸟儿们吃。

⑧曾几何时，家乡的鸟群在我们不知不觉间消失了。生态的破坏，环境的变迁，使河流干涸，树木减少，鸟群再也找不到一个可供栖身、生存的家园。现在，家乡广袤的原野上偶尔还能见到麻雀群。但在我看来，亦没有记忆中的庞大、壮观了。若干年后，连麻雀们是否也会弃我们远去？我说不清楚。社会在进步，人类在繁衍，但我们谁愿意面对一个没有鸟群的明天呢？站在故乡的土地上，我翻验着少年时代的记忆，于心灵深处默默地呼唤：归来吧，我的鸟群！

1.下列对作品有关内容的分析和概括，不恰当的两项是（　　　）（6分）

A.作者回到故乡，感到异常亲切，却因为没有看见过去那种秋天时节一群一群的鸟儿在天空翻飞的景象，心里若有所失，总觉得少了些什么。

B.作者的故乡水丰地肥，林木丰茂，是鸟类栖身觅食、繁衍生息的理想所在，鸟群是作者童稚的心灵中和少年的记忆里令人陶醉的景观。

C.第④段写作者少年时代早上穿衣、起床、吃饭，然后和小伙伴们到原野上拔猪草、游玩嬉戏、找鸟窝等，意在突出作者小时候天真、活泼、淘气和爱鸟。

D.作者家乡有一种专吃柿子的鸟，但家乡人似乎并不恨这种鸟，有时甚至还在树上留下几个柿子，让迟来的鸟儿们吃，这体现了家乡人浓浓的温情。

E.全文以故乡的鸟群为叙写对象，以记忆中的故乡的鸟群带给作者的独特感受为线索，表达了作者对童年美好时光消逝的不舍这一主题。

2.本文围绕"鸟群"展开叙述，条理清晰，请具体分析作者的行文思路。（4分）

_____

_____

3.第⑦段运用了比喻、烘托、视听结合等手法，请选择两种手法赏析。（6分）

_____

_____

4.作者最后说："若干年后，连麻雀们是否也会弃我们远去？我说不清楚。"作者为什么"说不清楚"？他要表达什么？请结合原文并联系现实加以探究。（8分）

_____

_____

堂前燕

名师导读 ▶

自古以来，燕子就是文人墨客所赞颂的一种鸟类。在散文《堂前燕》中，燕子的身影频繁出现，作者采用多种手法对燕子进行了多方面的描写，对燕子的喜爱之情充斥在字里行间。让我们去看看作家笔下的燕子又有着怎样的风情！

❶ 文章开篇点明时间，并简单介绍了当时乡间的空气湿润、清新，为后文做铺垫。

① 惊蛰过后，土地一下子变得湿润起来，行走在乡间，你会觉得连空气都有些湿意，尤其是刚刚下过雨后，这种感觉会非常的明显。周日回长安乡下看望母亲，母亲边在家门口的小菜园中劳作，边对我说："春天来了，虫儿们起身了，燕子眼看着就要回来了。"我说还早呢。母亲说："不早了，都三月天了。"母亲说着，

还仰起头，看了一眼灰蒙蒙的天空。我也随着母亲的目光，望了一眼天空，天空阴阴的，堆满厚厚的积雨云。我知道母亲什么也没有看到，燕子至少在三月底才能飞临家乡的土地，此时才是三月初，还有二十多天呢。①古诗《艳歌行》里不是写到"翩翩堂前燕，冬藏夏来见"吗？古诗里说燕子的到来都要在初夏，我们地处秦地，属于西北地区，见到燕子，也该更晚一些吧。而燕子一来，家乡的土地上，就又是一片桃红柳绿，麦苗鲜碧了。家乡的人也该整理秧田，开始育秧了。

　　说到燕子，确实是居住在人家的堂前的，这一点，古人比我们观察得细。小时候在乡下，我就见过燕子在人家堂屋房梁间筑巢、生活的场景。每年三月下旬，当大地上已经是万紫千红时，一群群燕子就会像黑色的闪电，翅翼上闪耀着绸缎般的光芒，呢喃着，飞到家乡的土地上。②此时，家乡人就会像又见到了老朋友一样，脸上露出久违的笑意。是啊，燕子来啦，新的一年又开始了。燕子来到后的第一件事是先寻找旧巢。如旧巢还在，它们就会衔泥衔草，进行修补，忙碌数天，旧巢就会被修复一新，燕子夫妇就会很快乐地住进去了。若是旧巢被毁，它们就需在故地，或者另觅新地筑巢。这样就会更加的忙碌一些，筑巢的时间也会更长一些。但这并不影响它们的生活。接下来就是产卵育雏，哺育后代了。③燕子似乎天生就是勤劳的，一如土地上的庄稼人，"谁家新燕啄春泥"，说的就是燕子的勤劳。有了巢，有了小燕，燕子一家就会很快乐地生活了。老燕早出晚归，日日在田野间，

① 作者引用古诗《艳歌行》中的著名诗句，点明了燕子飞回北方要在初夏时节，而西北地区则会更晚一些，体现了作者对燕子的了解和喜爱。

② 春天代表着希望，燕子是春天的使者，人们看到了燕子，预示着春天的到来。

③ 把燕子比作勤劳的庄稼人，同时引用唐代诗人白居易的诗句，生动诠释了燕子忙着衔泥筑巢的情景，歌颂了燕子的勤劳。

在乡路的上空，飞来飞去，捕捉昆虫；在人家的堂屋中飞进飞出，养育后代。尤其在暴雨来临之前，它们更加繁忙，飞东飞西，飞上飞下，似乎都没有歇息的时候。偶尔歇息一下，那都是在天气晴朗的时候，燕子们好像商量好了似的，一排排栖在电线上，或呢喃着，或梳理着羽毛，远远望去，像一个个巨大的省略号。

① 这段文字解释说明了燕子为什么会引人喜爱，因为人们把它与善良、德行相联系，从而唤起人们向善的心。

① 说来也怪，燕子生活在人家的堂屋梁上，或者堂前屋檐下，进进出出的，人们却并不厌烦，相反，还挺喜欢它们。如那一年燕子迟来，或者不来，他们还会惆怅上半天。在家乡人的眼中，燕子是吉祥鸟，是益鸟，若筑巢在谁家堂前，说明这家人善，德行好，连鸟儿都愿来家里住。这尽管有些唯心，但他们愿意这么想，这么讲。父亲在世时，一生造过两次新房，也搬过两次家，算上旧居，曾在三处地方居住过，在我的记忆里，每处家中都有燕子筑巢。我记得最初在老屋居住时，因是大家庭，祖辈父辈生活在一起，院子大，房屋多，从外面通往院中的巷道，是三间鞍间房中的一间辟出来的，那时的燕子，就把巢筑在巷道的楼梁上，尽管巷道中日日人来人往，人鸟却互不惊扰，相处谐美。②

② 此处叙述了孩子们和父亲救下一只乳燕的情景，颂扬了人与动物、人与自然的和谐之美。

一年初夏，也许是饿了，也许是想学飞，也许是别的什么原因吧，总之，一只乳燕，不慎从巢中跌落地上，急得老燕尖叫着，在巷道中来回飞，孩子们发现了，喊来了父亲，父亲搬来一架梯子，又把乳燕送进巢里，老燕才安静下来。还有一年，父亲发现巷道中燕子的巢太破，在第二年春天，燕子飞来之前，还特意用木板做了个小箱子，在箱前掏出一个圆洞，钉在另一根楼梁上，冀望燕子作为新巢。但父亲的苦心似乎白费了，这一年春天，当燕子飞来时，它们并没有理会新巢，而是把旧巢修补了一下，依旧住在了旧巢里。父亲见了，也唯有苦笑的份。那个新巢，后来倒是好过了一对麻雀，它们不知怎么的，瞅上了这个新巢，快乐地住了进去。从此，巷道中变得更热闹了。

　　闲暇时，我很喜欢读丰子恺先生的散文，也喜欢看他的漫画。江南当然是有燕子的，不然，丰子恺在文中、画中也不会写到、画到燕子。何况还有那两句著名的诗，"旧时王谢堂前燕，飞入寻常百姓家"为证。我去过杭州几次，也两次去过丰子恺的家乡桐乡市石门镇，也许是我不留心的缘故吧，我没有看见过燕子。但我想，杭州肯定是有燕子的，石门镇肯定也是有燕子的，而且燕子还不会少。① 丰子恺曾作过一幅画，画名《衔泥带得落花归》，收在《护生画集》中。画面中，一妇人怀抱婴儿安详地坐在竹椅上，椅边一小凳，妇人前面，有一男一女两小儿在玩耍，一蹲一站，抬头望天，而天空中恰好有两只燕子飞过，燕子的下面有数朵花瓣翩然飘下，其中的那个小女孩，正伸出双手，迎接落花。画面生动、温暖，惹人遐想。而那幅画的配诗，尽管是引用清人吕霜的，但也很妙。诗曰："一年社日都忘了，忽见庭前燕子飞。禽鸟也知勤作室，衔泥带得落花归。"这首诗当然写的是春天社日间的事。自然，那两只燕子衔泥筑巢，也要筑到人家的堂前。只是不知道，它们要把巢筑到谁家的堂前呢？

① 此处介绍了丰子恺的一幅画，画中描绘的场景暗含了本文的主题，借画中场景将本篇推向高潮。

延伸思考

1. 本篇内容以燕子为主题，实际表达了什么思想？

———————————————————————————

———————————————————————————

2. 父亲煞费苦心为燕子准备新窝，但燕子为什么依旧选择旧巢？

———————————————————————————

———————————————————————————

3. 文章结尾一句有何作用？

———————————————————————————

———————————————————————————

母亲的菜园

名师导读

　　母亲在闲置的老宅中砍掉果树，种植蔬菜，为孩子们也能吃到自己种的蔬菜默默奉献着。作者在《母亲的菜园》的字里行间渗透着伟大的母爱，我们一起去鉴赏一番吧！

　　① 老宅在村南，建成于上世纪七十年代末，是一座坐南向北的三间大瓦房，且有一个小院。自父母搬入新家后，老宅一空就是十多年，空寂荒凉，成了树木、鸟雀的家园。父亲在世时，母亲还时不时地去老宅看一眼；父亲去世后，就连母亲也很少再去老宅。老宅闲置下来后，起先，母亲嫌院中空地闲着可惜，就在院里栽种了些树木，有玉兰、无花果、核桃、柿树等。由于雨水充足，不想，没几年的工夫，这些树木竟飞速地长了起来，枝叶繁茂得如在院中堆积起了绿云。春夏走进院中，绿色直逼人的眼目，看上去倒是很舒服，但院中几乎被浓荫遮蔽，显得很阴湿。由于树荫太浓，院中树下的地面上

❶ 开篇介绍了老宅的位置、建造时间以及朝向，并叙述了老宅因为搬家而闲置，为后文成为菜园做铺垫。

11

极少有花草生长，倒是生出了绿苔。看着树木过于茂盛，母亲也曾请人修剪过几次，无奈树木生长太快，刚修剪过日子不长，便又疯长起来，母亲只好听之任之。但这终究不是办法，在经过一段时日思考之后，母亲终于痛下决心，决定全部砍伐去院中树木，改种蔬菜。当年的冬天，母亲便央人砍倒了院中的树木，并刨出树根，重新整修了院子。斫去树木的院子，一下子变得豁亮起来，风也流动得更加的畅快了，雨雪也痛痛快快地落到了院中。唯一让母亲心中不惬意的是，树木砍掉后，没有了鸟雀的叽喳，过去一天到晚，院中可是落满鸟声的。母亲觉得有点对不起鸟雀。

❶ 这是一个总起句，概括了春天来临，母亲将要在园中种菜，有着统领全段的作用。

① 春天说来就来了，一夜东南风，一夜小雨，大地便变得朗润起来，树木就慢慢地吐出了嫩芽。春风也唤醒了母亲渴望种菜的那颗心。赶在雨水前，母亲找了一把锄头，用了两天时间，把院中的隙地用心地深翻了一遍，又用耙把翻出来的土坷垃[1]捣碎，还整理了垄畦，一块菜地就算做好了。② 雨水这天，母亲给整理好的菜地撒上菜籽，栽种了菜苗，并施上足够的农家肥，浇透了水，母亲这才站在菜地边，望着菜地，擦了一把汗，嘴角浮出了笑意。转眼间就是初夏，一天，我回乡下看望母亲。到了家门口，却是铁将军把门。我以为母亲又到村中闲转去了，忙给她打电话，她在电话中告诉我，她在老宅，并让我过去。我急忙赶过去，当我推开院门的那一刻，我一下子惊呆了，院中

❷ 母亲算准节气，在整好的田地里撒下菜籽，施肥、浇水。这片渗透了母亲辛勤汗水的地里，充满了母亲的希望。

---

[1] 土坷垃：是指北方黄土高原上的一种黄土硬块，是河南、河北方言，意指土块。

已是一片葱茏。不大的菜地中，有碧绿的香菜、小青菜、蒜苗、大葱、韭菜，还有一两畦刚起身的黄瓜苗、西红柿苗。尤其惹眼的是，还有两株正开着花的油菜。那花黄灿灿的，明艳、繁盛，把整个院落都给照亮了。而花簇中，正有两只蜜蜂，嘤嗡着，采着蜜呢。那简直是一幅画。① 这么多年，我曾在全国多地看过油菜花，有陕南的，有婺源的，有四川的，还有甘肃的，那都是一大片一大片的，气势汹涌如潮。宜于摄影，宜于图画。但我没想到，一株两株的油菜花，孤零零地站在菜地里，开在春风里，原来也是那么的好看。母亲见我看得有些发痴，笑眯眯地走近我，说："这菜园咋样？还行吧？"我连连点头。自然，那次返回西安时，母亲是大包小包地给我带了很多她种的蔬菜。

② 在接下来的日子里，只要我，或者妹妹回家，临走时母亲都会让我们带些蔬菜。青菜下来带青菜，黄瓜下来带黄瓜，辣椒下来带辣椒，反正母亲的菜园里有什么，我们返程的行囊里就会有什么，有时甚至是一颗南瓜、一把豆角、一兜西红柿。每当我们不愿带时，母亲总会说："自家院中长的，图个新鲜，图个放心！"我们就愉快地带上了。我和两个妹妹都知道，那些蔬菜，尽管值不了几个钱，但那是母亲的一片心意。说来也奇怪，每当我吃着母亲种出来的蔬菜时，都觉出一种特别的香甜，也觉出一种无可言说的温暖。

几度春风，几度秋雨，不觉间，母亲在老宅种菜已有四五年了。母亲把老宅中的菜园侍弄好了，她今年又不满足了，竟然又在新宅的门口开辟出两块小小

❶ 采用对比的手法，描写了作者所见过的大片的油菜花与母亲菜园里一两株油菜花景色的不同，体现了一株两株油菜花，孤零零的也是一种别样的美。

❷ 这里采用平实的叙述，把母亲的菜园成了作者及妹妹的蔬菜基地交代得非常清楚，虽然这些菜不值什么钱，但里面饱含着母亲深深的爱。

❶ 母亲只是一个庄稼人，在她的身上有千千万万庄稼人勤劳与质朴的优秀品质，她只是千千万万庄稼人的一个缩影。

的菜地，种起菜来。① 作为一个庄稼人，她见不得土地荒着，哪怕是一小块毫不起眼的隙地。母亲已 77 岁，已到了晚境，她喜欢做什么就做什么吧，只要她高兴，只要她身体好，譬如侍弄菜园、种菜。一个人活到这样的年纪，已经看明白了世事，已经活得通脱，没有什么能限制她了。

延伸思考

1. 作者是怎样介绍老宅的？

_____

_____

2. 母亲为什么要砍掉满院的果树？

_____

_____

3. 被斫去果树的院子前后之间有什么不同？

_____

_____

桐花令

名师导读 ▶

　　作者笔下的《桐花令》有着诗一般的意境。从搬新家后种下的桐树，到皇甫村那令人眼前一亮的桐花，再到含光门东面城墙边上的两棵桐树，字里行间充满了对桐树的喜欢，令读者浮想联翩，快让我们去一饱眼福吧！

　　暮春或初夏时节，若行进在广袤的关中平原上，便会看到许多桐树。这些桐树或生长在田间地头，或挺立在村边、人家的院落间，它们的枝头上开满白中带紫的花，花团簇拥，好看极了。有蜜蜂在花间采蜜，有鸟雀在枝头啁啾，煦暖的风儿吹过，花枝招展，摇曳出一道美丽的风景，让人沉醉，亦让人心旷神怡。

　　说到桐花，我并不陌生。因为我的家乡长安稻地江村就在关中平原的南端，靠近终南山一带。这里自古就是桐树的故乡。① 历史上，此地及其周边发生过许多和桐树有关的故事，最著名的当数周成王桐叶封

❶ 此处引用了周成王桐叶封弟的故事，为文章增添了文化韵味。

弟的故事了。有桐树，自然就有桐花。而我认识桐花，就是顺理成章的事儿了。记得我上初中那一年，父辈析居，我家迁出了几辈人居住过的老屋。新居是坐南向北的三间大瓦房。房屋建成后，父母亲特别珍视，他们特意在院子的西边，辟出一块菜地，种植蔬菜，还在菜地的垄上种上了两棵酒杯粗的桐树，希望其长大成荫，荫庇我们家。① 第一年，桐树没有长高多少，性急的父亲，不知从哪里得到了一个土方，竟在当年的冬天将两棵桐树从根部锯掉，仅留下一拃高的树桩。桐树幼小时，树干的心是空的。父亲取来油瓶，给锯断的两棵桐树的树心里，分别灌入一些菜籽油，然后用塑料布包裹上，用细麻绳扎紧。奇迹发生了，次年的春天，两棵桐树都从根部发出了芽儿，那芽儿油亮亮的，又粗又壮，看着都让人心里喜欢。芽儿长啊长，不到一个月的工夫，就长到两尺多高，叶片油绿，状如巴掌，在春风中招摇。② 春天结束了，接着是夏天，两棵桐树好像得了什么神力，又好像是比赛似的，一个劲地往天空蹿。天空是瓦蓝的，有白云在飘动，有阳光倾泻而下，它们拼命地向天空生长，是要拥抱那一片瓦蓝、那一片明丽吗？我少年的心里，装满了疑问。转眼就是秋天了，当金黄的稻谷堆满场院的时候，桐树已有两丈多高，已经高及屋檐了。它们枝干粗壮，头顶绿云，似两位亭亭玉立的少女。看着两棵茁壮成长的桐树，我们一家人的心里都装满了欢悦。这两棵桐树经过三五年的生长，很快就长到碗口粗，每年春天，都开出两树繁花；夏秋，则筛出一地的阴凉。我们在

① 运用细节描写，描写了父亲因为看到桐树长势缓慢，就用土方想让桐树快速生长，可以看出父亲对桐树的关注以及对桐树的期望。

② 这里巧妙地采用拟人的修辞手法，描写了桐树在这充满阳光的日子里使劲生长着，并赋予桐树人的性格，生动形象地描写了桐树生长速度之快。

树下吃饭，纳凉；我和弟妹在树下嬉戏、做作业……无数让人难忘的日子，就这样从我们的指缝流逝了。可惜的是，这两棵桐树后来因为家里要在院中盖厦房，给斫去了。在桐树被斫去的最初一段时日里，我时常无意识地望向厦房的上空，但除了虚空，什么也没有。① 没有了繁花，没有了浓绿的枝叶，也没有了悦耳的鸟鸣……我的心里顿觉空落、怅然。

　　1984年，我在西安的一所高校读书，大约是清明节前吧，适逢当代文学课讲到柳青《创业史》。② 带课老师也是我们的班主任王仲生先生，他灵机一动，要带领全班学生去长安县皇甫村，也就是柳青当年扎根农村14年，写出皇皇巨著《创业史》的地方，实际感受一下，以便我们对作品有更深刻的理解。得到这一消息，同学们高兴坏了。一个春日的上午，我们在王先生的带领下，乘坐着一辆大轿车出发了。西安市距长安县王曲镇皇甫村并不远，也就20多公里的样子。但那时道路不好，坑洼不平不说，还狭窄。尤其是途中的三爻村到韦曲一段，还有一个大上坡和大下坡。下完坡后，还要经过熙熙攘攘的长安县城，再向南爬上神禾原，再下一道坡，才能到达皇甫村。其间的艰难，可想而知。好在大家那时年轻，人人充满求知欲好奇心，也就不以为苦了。③ 那日过了潏河，要上神禾原时，我的眼睛就亮了。春阳朗照，和风煦煦，路两边的坡原上，麦苗青青，垂柳依依，尤其让我着迷的是那一树树灿然开放的桐花，阳光下若一片片紫霞。等到了皇甫村，那桐树多得简直要把村庄覆盖住。家家

❶ 院子里的桐树因为盖房被斫去了，从此桐树消失了，作者的心中非常失落。梧桐树已经成为作者心中的希望，而此处把作者的失落淋漓尽致地展现了出来。

❷ 此处引用当时带课老师带领全班学生来到柳青先生创作《创业史》的地方，让同学们感受柳青先生的创作环境，对作品有更深入的了解，引出了下文。

❸ "眼睛就亮了"描写了当时作者看到路两边的坡原上灿烂的桐花惊喜的样子，体现了作者对桐花确实非常喜爱。

① 此处引用了一个历史上关于桃溪堡村的故事，历史上的桃溪堡村叫作都城南庄，著名的唐代诗人崔护所作的著名诗句"人面桃花相映红"就是出自此处，为文章增添了文化韵味。

② 皇甫村之行给作者留下了深刻的印象，而深刻印象中那白中带紫的桐花则是最先出现在脑海的，体现了作者对桐花的确情有独钟。

③ 作者每次经过这里，便会看一看这两棵桐树，可以看出作者对桐树的喜爱之情，他看到桐树，就想到了故乡，想到了故乡的桐树，间接体现了作者的殷殷思乡之情。

的青堂瓦舍，都在桐花丛中，简直美艳极了。多年之后，我曾在一本画册上，见到过长安画派创始人之一石鲁先生的一幅画《家家都在花丛中》，我一直疑心他画的就是皇甫村。后翻阅资料才得知，石鲁画的是长安县桃溪堡村，和皇甫村仅仅隔着一道神禾原。① 桃溪堡村也是一个有故事的所在，它在唐代叫都城南庄，距杜曲镇不到一里，与唐代诗人崔护相关的人面桃花的故事就发生于此。那日在皇甫村，我们参观了柳青旧居中宫寺，祭扫了柳青墓，还拜访了《创业史》中主人公梁生宝的原型王家斌。王家斌那年有60岁的样子，因患有脑血栓，已半身不遂，是坐在椅子上被人抬到他家的院子里的。我们和他进行了交谈，还和他照了相。② 多年之后，回想起那次皇甫村之行，我脑中第一个闪现出来的，还是笼罩在村庄上空的紫霞似的桐花。那也许是我此生见到过的最美丽的桐花了。

我现在的工作单位在西安城里小南门内。小南门西边是含光门，两地相距四五百米。工作之暇，我常独自或者和同事去环城公园里散步。散步返回时，我常常要途经含光门内，而在含光门内的东面道沿上，紧邻着古老的城墙，巍然挺立着两棵水桶粗的桐树，暮春或者初夏时节，繁花满枝。若经过一夜的风雨，则会落花满地。③ 每次行经此处，我都会不由自主地在两棵桐树下，停留那么几分钟，望望树上，看看树下。而每每此时，我的心就飞回到故乡，想故乡此时，也该是杜鹃声声，桐花灿如云霞了吧。

偶翻闲书，见明初诗人高启写的一首诗《初夏江

村》："轻衣软履步江沙，树暗前村定几家。水满乳
凫翻藕叶，风疏飞燕拂桐花。渡头正见横渔艇，林外
时闻响纬车。最是黄梅时节近，雨余归路有鸣蛙。"诗
中所写，虽为江南初夏之景，但和我的家乡长安稻地
江村庶几近之。① 我的家乡春夏交替时节，也是杨柳
青青，燕子飞舞，桐花满树，蛙鸣阵阵。只是没有渔
舟和缲丝车罢了。要不，也不会叫稻地江村这样诗意
的名字了。

① 作者由明初诗人高启的《初夏江村》想到了自己的故乡，描写了故乡春夏时节中杨柳、燕子、桐花、蛙鸣等美景，可以看出作者对故乡引以为傲。

延伸思考

1. 为什么说到桐花，作者并不陌生？

_____

_____

2. 父亲是怎样让桐树苗壮成长的？

_____

_____

3. 为什么作者的工作之暇绕道含光门去看桐树？

_____

_____

躲在季节里的村庄

名师导读

　　作者笔下的《躲在季节里的村庄》由五部分组成：一条有鱼儿跃动的河、有牛马脚印的村庄、南瓜花开在院墙上、二爷的菜园花满畦、吃柿子的鸟飞来了。这五部分构成了多姿多彩的村庄，春天生机勃勃、夏季繁花烂漫、秋季果实挂在枝头、鸟儿的到访、人们质朴无华，字里行间充满了对村庄的美好回忆以及向往之情。让我们一睹为快吧！

一条有鱼儿跃动的河

❶ 文章开篇采用排比的修辞手法，生动描写了夏天染绿了大地上的一切事物，展现了一片生机勃勃的景象。

　　夏天说来就来了，在金黄色的油菜花开过之后，在原野上的风筝飞过之后，原来五彩斑斓的大地，突然就变作了彻天彻地的绿。^① 那绿色的汁液，随了风的鼓动，随意地在天地间流淌，染绿了田野，染绿了山川，染绿了村庄，染绿了农人的眼睛，以及百鸟的叫声。

一条小峪河也从春天的清冽中走出来，流动得更加欢畅了，像极了村野孩子无拘无束的笑声。河边的小树林也长得绿匝匝的，浓密得风都难以钻进去，绿得黑森森的，让孩子们害怕。不害怕的是鸟儿，它们把窝筑在大树上，急急忙忙地生儿育女，繁衍后代。斑鸠、喜鹊、画眉、黄鹂……这里面也有麻雀的影子，但它不是为了筑巢，它的巢在春天已建好，建在农人的屋檐下，建在猫儿爬不到的地方，和燕子一样，和庄稼人比邻而居。①它也不用再生儿育女，在那个躁动的春天里，它已繁衍过；如今，小麻雀羽翼已丰，已经脱去了嫩声，和它们的父母亲一样，在绿树丛中，自由自在地跳来跳去，觅食、嬉戏。

❶ 采用拟人的修辞手法，将麻雀人格化，更加生动贴切地描写了麻雀们自由自在的幸福生活。

河水是清亮亮的，从秦岭山中流来。经过了无数的庄稼地，经过了无数的小树林，自然也听到过各种鸟儿婉转流利的啼鸣和农人荷锄吆牛的声音。草就疯长在河畔，一些夏日的花也开在河畔。②石头白亮亮的，在阳光下泛光；沙子也像锦鳞，在孩子的脚下翻飞。只有河水在静静地流，深处便幽作一个潭；浅处便随石激荡，发出汩汩的音乐声。鱼儿便在这音乐声中快乐地游。螃蟹在石下，老鳖在沙中，它们都深藏在水下，只有孩子们能寻找到它们。它们是乡村孩子的老朋友，就如在河面上飞来飞去的蜻蜓一样，就如在水面上迅速掠过的翠鸟一样。孩子们对它们太熟悉了，以至于它们藏在哪一块石下，孩子们都能够准确无误地用眼睛捕捉到。螃蟹、老鳖没有心机，它们虽然也长了脚，但它们跑不过孩子们的手脚，更跑不过孩子们的眼睛。

❷ 这里描写了石头、沙子、河水、鱼儿、螃蟹、老鳖等事物为孩子们带来了无限的乐趣，引出了下文。

只有鱼儿能逃过孩子们的眼手，虽然它们没有手脚，但它们有鳍，如长了翅膀一样，可以在水的空气里自由飞翔，一群一群，倏忽而东，倏忽而西。

最壮观的是，当夕阳衔山欲坠，河面流金溢彩时，鱼儿便开始跳漂。万千条寸把长的白条鱼、锦鳞鱼，好像是听到了无声的命令，一起在水面上蹦跳，此起彼落，水花四溅，望去一层一片，一条河都给搅动了。那就是一条在夕阳下，在鸟儿的噪林声中，流动的鱼河。① 不只孩子们看呆了，连赶着牛、扛着犁、赤着脚、吼着秦腔归家的农人都看呆了。

而鱼儿跃动的河之外，绿树荫蔽的村庄，缕缕炊烟正在袅袅升起。

① 这是一处生动的神态描写，衬托了夕阳西下水面上鱼儿蹦跳的美景令人如痴如醉。

有牛马脚印的村庄

农人们讲，有牲口出没的村庄才叫村庄。这就好比有野花有绿草的地方才叫原野一样。那是一个村庄的魂，经过了多少辈的聚散才凝结而成。这魂魄是温馨的，它有凝露花草的清香，有麦菽的清香，有牛马嚼食的草料的干香，当然还有庄稼人自己身上散发出的汗香。一个村庄如果没有牛马出没，就好像没有炊烟一样，那是死寂的，是可怕的。② 如果绿树间缺少了鸟叫，如果大地上没有了茂草和鲜花，那将是一种什么景象？

春日清晨，牲口们从梦中醒来，发出各种不同的叫声，走出村庄，走向开满鲜花的旷野。哞哞叫的是

② 此处的疑问句式激发了读者的兴趣，增强了语气。体现了有牛马脚印的村庄才是有灵魂的村庄。

牛，咩咩叫的是羊，昂昂叫的是驴，不断打着响鼻吹起乡路上尘土的是骡马。它们的脚步或安闲，或散漫，或细碎凌乱，走在农人之前。

村庄的一天就这样开始了。

"几处早莺争暖树，谁家新燕啄春泥。"鸟雀叽叽喳喳，唱出它们的欣悦。①<u>但庄稼人无暇去听，他们有自己的活儿，哼着小曲，耕田耱地。他们专注于自己的劳作，倾心于庄稼。牛马们也无暇去听，它们是庄稼人的帮手、朋友，也和庄稼人一样，在土地上出力流汗。</u>于是，鸟雀便只有寂寞地叫，唱给自己去听，一遍一遍。这婉转的啼鸣还是传进了庄稼人的耳朵，传进了牲口们的耳朵。有时，庄稼人会暂时停下手中正做的活计，侧耳谛听一下，伸展一下懒腰，把目光投向遥远的天际，自言自语道："这头顶的树上，啥时又多了一窝黄鹂呢？"伴随他的牛马听见了，但它们不能回答他，只能抖动一下耳朵，刨动一下蹄子，或甩动一下尾巴，驱赶一下身上的蚊蝇……无数的日月，便在这短暂的伫立中悄然流逝。

在落雨的天气里，牛马们不必干活，庄稼人怜惜它们，让它们静静地休息。②<u>但牛马们并没有闲着，它们会专注于瓦沟里流动的雨水，听雨滴在青瓦上跳舞，那叮叮咚咚的声音，就像有无数的孩子在敲响着一面面小锣鼓，灵动而热烈。</u>这时，它们便会做一些美丽的梦，梦到青草，梦到芳草地，梦到飘着麦香的田野，以及秧鸡、野鸽子和布谷鸟的叫声。

一个村庄里都有几处马厩，那是牛马们的家园。

❶ 此处采用拟人的修辞手法，生动描写了地里的牛马专心劳作的样子。

❷ 采用拟人、比喻的修辞手法，生动形象地描写了下雨的时候，牛马们专注于雨水并倾听雨滴落在瓦片上的声音。作者把雨滴比喻成无数的孩子在敲一面面锣鼓，将那灵动而热烈的声音描写得惟妙惟肖。

马厩里散发出一股浓浓的气息，庄稼人熟悉这种气息，牛马们也熟悉这种气息。它像久藏后启盖的酒，气味悠远，浓烈得化不开，嗅之让人沉醉。那是原野上青草花香的馨气，是牛马身上汗汗的土腥气，还有村庄的烟火气，秋阳下庄稼的香气。世世代代，牛马们就生活在这种气息里，和庄稼人息息相通，相依为命。① 它们如花的蹄印，叠满了村里村外，如一枚枚印章，深刻地盖在村庄的胸膛上，也盖在游子多愁的心上……

❶ 运用比喻，将牛马们的蹄印比喻成印章，生动形象地写出了这是村庄的象征，借此抒发作者对村庄的思念之情。

❷ 描写了作者家后院的那堵土墙和青瓦，为后文南瓜攀缘在院墙上做铺垫。

南瓜花开在院墙上

② 墙是土墙，不高，上面苫着青瓦。不知经过了多少岁月的侵蚀，墙面已坑坑洼洼，还歪歪斜斜裂着许多手指宽的缝隙。而墙顶上的青瓦已成了黑色，上面还结着许多铜钱大小的紫红色的苔藓。这些苔藓到了雨天，经过雨水的洗涤，便会变得鲜鲜亮亮，从暗红中透出无限的绿意。一些瓦松、蒿子、猫儿草就散乱地长在黑瓦上，风来随风摇曳，雨来任雨抽打。晴天一身阳光，夜晚一头星月。这就是我家后院的那堵土墙。它的背阴面是邻居张大妈家。

墙根下，有一棵香椿树、一棵柿子树，还有一棵杏树。它们都是祖父种植的，为了他的儿孙。除此，土墙下还有一块一间房大小的隙地，上面堆了一大堆土。每年清明节过后，祖父就会在那儿点上六七窝南瓜。③ 几场春雨，南瓜破土发芽。那芽儿嫩闪闪、水灵灵的，仿佛一碰就能碰出一窝水来。这娇娇弱弱的模样，最

❸ 运用细节描写，描写了雨后南瓜发芽，芽儿非常鲜嫩的样子，体现了作者对这些南瓜苗的喜爱之情。

怕鸡狗糟蹋。鸡会用它们那尖利的喙啄食掉嫩芽；猫狗冒失，则会不管三七二十一地撞断它。不过，祖父有的是办法，他到野外去刈来野枣刺，密密实实地将南瓜芽围起来，这样，鸡狗就奈何不得它们了。^① 于是，南瓜芽在春风阳光的爱抚下，如一个个经过精心呵护的娃娃，放心大胆地生长。不久，它们就长成了一丛丛巴掌大的叶片，绿汪汪的，摸上去涩涩的，随了风儿晃动。

　　南瓜长啊长，到六月份就开始跑藤扯蔓。这时，鸡狗再也奈何不得它们。祖父便拔去野枣刺，让南瓜自由自在地生长。^② 五月的风吹着、五月的阳光照着，五月的雨间断地落着，南瓜像一个个喝饱了乳汁的孩子，疯长起来，蔓藤扯忙满了整个后院，一直爬到后院的墙上，而金黄色的南瓜花也在我不经意间开了。那花儿起初只有几朵，静静地开在一片碧绿里，但不久，就逐渐地繁盛起来，于是整个后院就变得热闹了。蜂儿振动着金翅，嘤嘤嗡嗡地飞来了，它们飞进硕大的南瓜花中采蜜，花叶被压得一坠一坠；蝴蝶成双飞来，只是在花间流连一番，又交交错错，在我目光的注视下翩翩地翻过墙去，飞得没有了踪影。还有蝉，它钻出土地，爬到树上，也开始鸣叫；还有金龟子，也在后院的上空来回飞舞。这些，都惹出了我无限遐想。

　　最让我遐想的还是那开在墙头的南瓜花，它们拼尽了力气爬上墙头，是想看看墙外的世界吗？难道它们不知道墙的那边是张大妈家吗？南瓜花不管我的遐想，它们还是爬呀爬，一直爬到墙头，爬到墙外，爬

❶ 这里巧用比喻的修辞手法，把南瓜芽比喻成一个个精心呵护的娃娃，生动形象地描写了南瓜芽苗壮成长的样子。

❷ 描写了南瓜在五月里开花开得非常繁盛的样子。"热闹"一词，体现了南瓜数量之多，也顺势引出蜜蜂、蝴蝶、蝉、金龟子都来光顾南瓜花，与南瓜花形成一幅热闹的图画。

到邻家的院落。到了秋里，它们也会把瓜结在邻家。等到南瓜长成后，邻居张大妈总会颠了一对小脚，把结到她家里的瓜，给我家一个个送来。祖父总是呵呵地笑着，又给送回。祖父有祖父的理由："土里长的东西，长到谁家算谁家的。"

说这句话时，祖父还很硬朗。如今，他已去了另一个世界，静静地躺在村东的墓地里。那开在院墙上的南瓜花，也变成了我梦中的情景，和祖父的慈祥的面庞一样，永远摇曳在我的记忆里……

二爷的菜园花满畦

❶ 介绍了生产队菜园的地理位置，以及菜园的大小，为下文做铺垫。

① 涉过清清的小峪河，再向村南走上二里多路，在一片桃林边，有一个五亩地大小的菜园。这是我们生产队的菜园。二爷就一年四季住在菜园里，他是这个菜园的务菜人和看园人。

二爷的背有些驼，他走起路来总是慢腾腾的。起初，我以为二爷的驼背是因为常年劳作所致。但后来，祖父否定了我的这一奇怪想法。他告诉我，二爷的背是民国年间，拉壮丁的国民党军队将他打成了这样。于是，每每看见二爷，我就替他难过，觉得那帮国民党兵实在是坏透了。

菜园是一个五彩的世界，尤其是春夏秋三季，简直让我们着迷。

春天，几场杨柳风过后，大地回春，麦苗返青。我们到桃园里去看桃花，疯闹过后，我们又踅到菜园，去菜畦中挖荠菜。荠菜肥肥嫩嫩，整个春天里都有，不过，到了三月份，便长老了，开出乳白色的碎花，不能再吃。[1]"荠菜儿，年年有，采之一二遗八九。今年才出土眼中，挑菜人来不停手。而今狼藉已不堪，安得花开三月三。"从明代滑浩所著的《野菜谱》中，也可大致见出荠菜的生长状况。除了荠菜花，这个季节里，菜园里还有许多野菜也开着花。最常见的有蒲公英，开出的花如向日葵，金黄灿烂，不过只有小酒盅大小罢了，蝴蝶最爱在它的周围流连；还有马苋菜，茎红，叶椭圆，状如马耳，开出的花如蜡梅。马苋菜吃起来滑溜爽口，掺在面中烙饼尤其好吃。麦瓶儿也很多，这种野菜多生于麦田中，叶细似韭，到了三四月份，便开出好看的红花，一株多枝，花朵状似花瓶，故乡人以麦瓶花呼之。除了这些花，还有油菜花、韭菜花、葱花……花事繁盛。[2]二爷就在这些花草的包围下，笑眯眯地劳作。他一会儿除草，一会儿灌园，休息时，就掏出旱烟袋，吧嗒吧嗒地吸两锅旱烟。田野上的风吹着，南山上的云飘着，春天便在这种静寂中悄然而逝。

当蝉开始鸣叫的时候，夏天便来临了。夏天的菜园，花儿是开开谢谢的。一如这个季节的雨。白色的辣椒花，紫色的茄子花，金黄的南瓜花、黄瓜花、西红柿花，嫩绿色的豇豆花，紫红色的扁豆花，等等。不过，我们的心已不在花儿上，早就移在了瓜果上。偷黄瓜，偷西红柿，偷菜园中一切能吃的东西，便成了我们的日常功课。二爷呢，除了日常的劳作，这个时节的一

1 此处引用明代滑浩《野菜谱》中对荠菜的描述，可以看出春季荠菜在人们菜篮子中的重要地位，这也是让作者着迷的原因之一。

2 描写了二爷春季在野花的包围下劳作着，这不仅是一种劳作，也是一种幸福的享受。

个重要任务，就是防备我们这帮小贼糟蹋果蔬。但这又怎么能防得住呢，我们一个个机灵似猴，声东击西，匍匐钻藤，最终是满载而归。留下二爷只有站在园中苦笑的份。除了菜园、桃园，豌豆地也都是我们这个季节的侵害对象。

❶ 描写了秋天里孩子们对二爷房前的菊花和大丽花最感兴趣，总是趁二爷不注意去摘几朵把玩，老人、孩子、花朵构成了一幅和谐的美图。

① 秋天里菜园中最吸引我们的是菊花和大丽花。这些花种在二爷房间的门前，秋阳下，红红黄黄，艳丽无比。我们常站在这些花前看花，有时趁二爷不注意，便摘下一朵两朵的，拿在手中玩……

是一年的秋天吧，连阴雨不断，小峪河涨水，菜园连接村庄的桥被冲断。大约二十多天，没有二爷的消息。队上派人涉水过河去看，二爷已病得不成样子。生产队把二爷送到县医院，没有治好，二爷死了。听村上人讲，二爷死于腔子疼痛，也不知道这是一种什么病？

二爷去了，自此，我不再到生产队上的菜园去玩。

吃柿子的鸟飞来了

❷ 作者从感觉入手，描写了清晨脖子凉飕飕、呼吸空气清冽，暗示已是深秋，为后文的描写做铺垫。

② 早晨起来一开门，觉得脖子凉飕飕的，连呼吸进肺里的空气也似乎清冽了许多。一低头，地上的草丛、枯枝败叶上落了一层薄薄的霜。哦，降霜了！不几日，村里村外，柿树的叶子便渐渐变红，起初是红绿相间，最后绿色逐渐消退，便变成一片绛红色，望去若霞。乡间的柿子树仿佛一下子全都喝醉了酒，或静静地沐浴在秋阳下，或摇曳在澄明的风中。而一嘟

儿一嘟儿橘红色的柿子，要么高擎枝头，要么垂于叶下，望去让人馋涎欲滴。

是在一天早饭时间吧，当人们正端了老碗，或蹲或站在街门前吃饭时，一大群一大群的鸟儿从西北天边飞来了，它们叽里呱啦地叫着，飞临村庄的上空，落到一棵棵柿树上。① 于是，家乡的柿树上顷刻间变得热闹起来了。它们边挑拣着树上已软熟了的柿子吃，边扇动着翅膀，肆无忌惮地叫着。柿树叶被它们一片片碰落。这是一种专吃柿子的鸟，比喜鹊小一些，尾巴也没有喜鹊那么长。家乡人不知道它们叫什么名字，因了它们的叫声，便呼之为燕咋啦。燕咋啦一年只来一次，每次来，家乡的柿子树就要遭到一次洗劫。② 但家乡人似乎并不恼恨这种鸟，他们信奉一句话：天造万物，有人一口，就有鸟一口。而且他们固执地认为，燕咋啦光临谁家的柿树，是这家人的荣耀，说明这户人家仁厚。那一年，如果柿子熟得早，家乡人提前用夹杆摘了，而吃柿鸟还迟迟不到，乡人就会给柿树的顶上留下七八颗柿子，等吃柿鸟来了吃。于是，这一年，家乡的村里村外，就会出现一种迷人的景观，棵棵柿树上有残留的柿子，红彤彤的，在秋阳下泛光。

有一年秋天，因为父母忙，我和弟妹奉父母之命，摘卸后院柿树上的柿子。一个上午，我们就将一树柿子摘得光光。③ 中午，父亲回来了，看到这种情形，他的脸阴了下来。他顾不上吃午饭，便搬来梯子，把卸下来堆在筐中的柿子，捡带枝的拿了十多颗，用草绳绑在树顶。完事后，他郑重地对我们说："记住，天

❶ 此处是场面描写，描写了柿子成熟以后，招来了大群的鸟儿来吃柿子，描写了一派热闹非凡的场面。

❷ 柿子成熟的时候，人们并不恼恨鸟儿们来吃柿子，可以看出人们的淳朴、仁厚。

❸ 父亲看到我和弟妹将树上的柿子摘了个精光，很不高兴，他从筐中挑拣了一些，用绳子绑在树梢等候鸟儿们的到来，体现了父亲淳朴、憨厚的性格。

生万物，有人吃的一口，就有鸟儿吃的一口！"

离开家乡三十多年，尽管家乡的景物已在我脑中变得模糊，但父亲说过的这句话，却至今还在我的耳畔萦绕。

延伸思考

1. 文中对成群的鸟儿吃柿子的描写运用了哪些描写方法？有何表达效果？

_____

_____

2. 家乡人会给柿树的顶上留下七八颗柿子等吃柿鸟来了吃，为什么？

_____

_____

玉 兰

玉兰花素装淡裹、晶莹皎洁，任谁看后都会不自觉地喜欢。作者认识玉兰较晚，他凭借别人的叙述就不自觉对玉兰有所期许，有所盼望，终于在一个阳光明媚的日子里，撞见一棵开满花的玉兰树。我们去看一看作家笔下的玉兰是何等的光景……

①尽管从小生活在乡下，但我认识玉兰却很晚，原因很简单，我们村庄没有玉兰树。抑或村外原野上、人家的庭院里有，我没有发现。大约是我十五六岁那一年夏天吧，趁暑假无事，我到堂姑家去玩，这才知道了世间还有这样一种令人心醉的树。

堂姑是二爷的女儿，是我们门中父亲这一辈人中的老小，比我大十多岁。我去她家那一年，她已出嫁五六年了，而且有了自己的一儿一女。②堂姑出嫁的村庄叫

❶ 介绍了"我"与玉兰的认识过程，采用反衬的手法，写出了作者认识玉兰树很晚，但一见倾心，让作者痴迷。

❷ 此处简单介绍了堂姑家的所在——清禅寺，并介绍了清禅寺的位置，为后文的描写做铺垫。

31

清禅寺，在我们村庄东南方向，离我们村庄有十六七里路，村南不远就是秦岭山。清禅寺坐落在一处高岗上，岗下就是溪流纵横、稻花飘香、花木郁茂的樊川。樊川是一个很古老的地名，春秋战国年间就有了这一称谓。汉代，因这里是刘邦的大将樊哙的封邑，使这一地名得以继续沿用。到了唐代，樊川又成了达官显贵的后花园，成了许多诗人的歌吟卜居之地，大诗人杜甫、杜牧都曾经在此长期居住过。杜牧干脆就将他的诗文集命名为《樊川集》，可见其对樊川这一钟灵毓秀之地的喜爱。唐代又是一个佛教兴盛的朝代，风景秀丽的樊川大地上，佛寺遍地，往少里说也有十多处，著名的有兴教寺、香积寺、华严寺、净业寺、天池寺等七八座，堂姑家村庄所在的清禅寺，大约也是在这一时期建成的吧。据说，起初建寺时，并没有这一村庄。后来寺成，人家依寺而居才逐渐形成了这一村落，而村落也因寺而得名。后来寺废，村庄袭其名，至今不曾更改。

我是在堂姑家村西废寺的遗址上见到那棵玉兰树的。其时，我并不认识也并不知道那就是玉兰树。① 只觉得那树很高大，枝干很粗壮，枝叶很繁茂，似乎有一些年头了。堂姑告诉我那是一棵玉兰树，且已有了一千多年的历史的。经她这一说，我一下子对这棵玉兰树产生了兴趣。我上前搂抱了一下，没能搂住。树的确有了年岁，树身粗糙不说，还有许多节疤，望去显得有些丑陋。但它的枝叶却出奇的繁盛、茂密，椭圆形的巨大的叶子绿得发黑，连正午的阳光都穿不透。偶尔有山

❶ 介绍了初见玉兰树的样子——枝干粗大、枝叶繁茂，有些年头，经过堂姑的介绍才知道这树已经一千多年了，体现了玉兰树历史悠久。

风吹过，树枝婆娑起舞，浓荫才被撕破，地下才筛下一些斑驳的光影，让人看了很是着迷。而树的北面，被树荫遮盖的地方，便有了一眼清洌的泉水在潺潺地流，千百年间，这里的百姓便赖了这股水的滋养而存活。

"这树开花吗？"

"开！春天开，你明年春天来就能看到。"

"什么颜色？"

"白色。"

① 我想象不出这么大一棵树全缀满了白玉似的花是一种什么景象，我无端地觉得那一定很美。可惜现在是夏天，花事已过。我看不到花开。但我一下子记住了玉兰这个名字，而且记住了堂姑告诉我的一句话，玉兰树开花时特别好看，花也特别的繁盛，可惜就是花期太短。

自在堂姑的村庄认识了玉兰树后，我又去过她家几次，但都不在春天，自然还是没有见到玉兰花开。可我从此却留了心，果然，在随后的岁月里，我有幸看到了几次玉兰树开花的情景，一次是在植物园，一次是在青龙寺，还有两次也是在寺庙里。（我至今纳闷，寺庙里为何爱种玉兰树，是此花莹洁如玉能昭示佛的神圣庄严吗？）

记忆里最深刻的还是在青龙寺那一次。大约是二十世纪九十年代吧，一年春天，我和几位朋友突然来了兴致，相约着到青龙寺去看樱花。② 那天上午阳光很好，杨柳风呼啦啦地吹，吹得人浑身暖洋洋的，似乎连骨头都要酥了。天空虽蓝得不甚分明，但有许

❶ 通过与堂姑的对话，作者知道了玉兰树在春天开花，所以作者就想象着一树的玉兰花开是何等的美丽，这一定也会让作者着迷。

❷ 这一段环境描写给人以春日舒适的感觉，为后文的游览做铺垫。

33

多风筝在飘，便显得很有诗意。我们是骑着自行车去的，一路说笑着，不觉间就到了青龙寺。青龙寺蹲踞在乐游原上，它像一位世外的高人隐居在市廛中，匿身在红尘之外。寺里很清幽，尽管是春天，正是人们踏青春游的好时节，却没有几个人，这正合了我们几个人的意。寺里有很多樱花树，但我们来早了，樱花还没有开，便在寺里闲转。^①那树玉兰就是在我们转过一丛竹林后，蓦然撞入我的眼帘的。这棵树并不高，充其量也就是两丈多高的样子，可那满树的繁花却把我震撼住了。放眼望去，一大朵一大朵白色的花，层层叠叠，堆满枝头，仿佛是用玉雕刻出来的一样，美丽极了。春风过处，花枝乱颤，似乎是无数白鸽子在飞，又似乎是数不清的玉蝶在舞。^②我突然便想到了堂姑家村头的那棵千年玉兰树，它到每年春天开花时，该又是一种什么样的热闹情景呢，是像幼儿园里无数孩子那样闹闹嚷嚷地开呢？还是无声地寂寞地在风中开呢？我不知道。我只知道自己已经多年没有见过堂姑了。听说她生活得并不好，是因为她那个好赌的丈夫呢，还是别的什么原因？我说不清。

我只清楚我很想念她，还有她家村头那棵玉兰树。

❶ 一个"撞"字，描写了看到玉兰树的突然，不期而遇地碰到了这令人着迷的玉兰花。

❷ 多次使用疑问句，一方面是为了加强语气，引发读者的疑问；另一方面是为了表达作者对堂姑的想念。

延伸思考

1. 文章为什么着重介绍了樊川?

_____

_____

2. 作者与玉兰花的相遇为什么用了一个"撞"字?

_____

_____

八月的庄稼地

名师导读 ▶

　　作者笔下八月的庄稼地里一派丰收的景象，令人充满了希望。而这八月的庄稼地却与一个人有关，文章不仅生动地描写了家乡八月的丰收景象，同时在描述中加上了议论和抒情，起到了画龙点睛的作用，突出了文章的思想内涵。我们在读的过程中可以领略作者智慧的思索，与浓浓的乡情，让我们也细细品味一番吧！

❶ 文章开篇采用排比的修辞手法，描写了作者关于八月的记忆是：地里的青玉米、香甜的瓜果桃豆、茂盛的野草，为后文的描写做铺垫。

　　① 我记忆里的八月和散发着泥土气息的青玉米有关，和香气氤氲的瓜果桃豆有关，更和葳蕤蓬勃发疯一样生长的野草有关。蝉鸣林荫，河水潺潺，丽日当空，田野静寂，整个大地像一位端庄的孕妇，一眼望去，让人觉出一种无尽的妩媚和欢悦。而父亲就是在这个季节里去的，去了另一个永恒的世界，这让我对八月更加记忆深刻，难以释怀。

① 从安然素朴的村庄出发，沿着一条白杨树夹道的机耕路，带着烧纸，带着对逝者的思念，我和弟妹们头缠白色的孝布，向村南走去。道路两旁是大片的稻田，水稻已垂下了沉甸甸的头颅，泛出金黄的颜色。有蚂蚱在脚下蹦，一只两只的，扑棱棱，银色的翅翼在阳光下闪光。有鸟雀在树上叫，叽叽喳喳地叫成一团，仿佛树木自己在说话。阳光很好。我们边走边聊，但话多和父亲无关。谁愿把失去亲人的疼痛和对亲人的怀念常挂在嘴上呢？那种心灵深处的隐痛，只有无人的时候，只有一个人静处的时候，或者耳闻目睹到什么与此相关的事情时，才会如水一样，慢慢地洇浸过心头，让人难过、垂泪。其实日常的时候，这种怀想和疼痛，更多的是埋在心底里的。② 它就像我面前的树木，一年一年地生长，根须也愈来愈粗壮，愈来愈伸向土地的深处，伸进我们心灵的深处。一如我们面前的远山，一如天空的白云和田野四处流浪的清风，是永远的。

但在这样的环境里，我还是想到了父亲，这是不由人的事。究竟，一年前的今天，父亲是怀着对人世的无限眷恋，怀着对这片土地的无尽挚爱和对亲人的挂念，静静地离开我们的。③ 那天，天还下起了淅沥的小雨。这也是这个秋天里的第一场雨。我想到了父亲的音容笑貌，他清癯、慈祥，面如紫铜。他爽朗的笑声，仿佛还在他耕作过的土地上回荡。而他的身影呢，似乎就闪现在玉米地里，出现在水稻田里，有时我甚至疑心，他劳作累了，或许就坐在某一条田塍上，有

❶ 描写了作者父亲去世的时候正值八月，作者与弟妹们依依不舍地送别故去的父亲，烘托出一种哀伤凄美的氛围。

❷ 此处描写了作者对父亲的怀念和伤痛如树根一样深深地扎入心灵的深处，无法忘怀，亘古绵长。

❸ 这样的环境描写给人一种悲哀压抑的感觉，奠定了一种愁苦的情感基调。

37

① 此处插入了作者回忆童年时期与父亲一起在小峪河边摸鱼逮蟹的情景，体现了夜晚捕鱼的无限乐趣，以及父亲与孩子相处和谐的幸福。

② 此处细节描写，生动形象地写出螃蟹在夜间反应缓慢，任人宰割；"热闹"一词体现被逮住的螃蟹在鱼篓中胡乱爬行的样子。

③ 运用神态描写，表达了对于作者的问话，女儿有点儿发蒙，因为女儿对爷爷的儿歌早全无印象，因而一脸茫然。

滋有味地抽烟，歇息一会儿，风正像一个顽皮的孩子，恣意地吹皱他充满汗香味的衣衫。

很快便走到了清澈的小峪河边。这是一条伴随了父亲一生的河。孩提时代，父亲曾无数次地带了我在河里摸鱼逮蟹。<u>①记忆中，夏日的夜里，吃过晚饭，拿上手电筒，提上鱼篓，我们便踏着月色出发了。</u>此时，四野虫声唧唧，蛙鼓阵阵，而萤火虫也挑出了它们的小灯笼，在夜色里游荡。那忽明忽灭的萤光和天上如拳的星星交相辉映，使夏夜显得更加的神秘、美丽。顺着乡间小路，工夫不大，就到了河滩。我们撤亮手电，往水潭中一照，嗬，水中的鱼蟹真多！鱼儿趋光，光到之处，它们便摇头摆尾地游了过来，聚集于手电光圈下，拥挤着不肯离去。用自制的竹网猛然一抄，就可以捞出许多。不过，我们还是把它们放回了水中，鱼儿不是太大，吃了伤生。我们的主要目标是螃蟹。<u>②夜间，螃蟹仿佛一下子成了呆子，手电光下，一动不动，用手往水里一掏，便被水淋淋地抓上来，丢进了鱼篓中。于是，空寂的鱼篓顿时就变得热闹起来。</u>大约不到一个时辰，便可捉到满满一篓。有时运气好，还可以捉到老鳖……

"爸爸，你想啥呢？"我正在胡思乱想，走在我一旁的女儿突然问。

"我想你爷爷的一些事儿，"我说，"还记得小时候爷爷教你的一首儿歌吗？"

<u>③女儿一脸茫然。</u>

"你得记住。"我说，并随口读出了那首歌谣：

① 一根草，

顺地跑，

开黄花，

结蛋蛋，

名字叫个歪蔓蔓。

"儿歌蛮好听的嘛。爷爷教过我这首儿歌了吗？那是一种什么植物？"

"不但教了，当时你还背得很熟，可惜你现在忘了。那首歌谣所描述的植物叫蒺藜草。"

女儿有些不好意思。我不怪女儿，女儿在乡间由爷爷奶奶带着时，只有两岁，如今她已出落得亭亭玉立，成了大学生了。

说话间，已来到了一大片玉米地旁。这里是父亲的埋骨之地，一年前的农历八月二十五，父亲便被葬埋到了这里。② 当时，我和乡亲们给父亲挖墓时，玉米已生长得密不透风，并且结出了粗大的棒子。我们不得不砍倒了一大片即将成熟的玉米，才给父亲腾出了一块墓地。那天，被砍倒的玉米散发出来的清甜气息，浓烈至极，至今还时常在我的记忆里萦回。拨开茂密的玉米丛，费了一番劲，我们终于找到了父亲的墓地。仅仅一年的工夫，父亲的坟头便已长出了半

❶ 此处巧妙地引用儿歌，生动形象地描写了蒺藜草匍匐在地上努力生长、开花结果的样子，增强了文章的艺术特色。

❷ 描写了为父亲挖墓时的情景，玉米即将成熟，果实累累，被砍掉的玉米散发着清甜的气息，父亲就是被葬在这样环境之中，作者对父亲深切的思念与玉米的气息牢牢凝在一起，无法忘记。

人高的野草，成了真正的青塚[1]。我们那一带乡俗，生前行善的人，谢世后，坟头会长满青草；反之，则会生满荆棘。见此，我的心里生出无限的欣慰。

面对坟头，用棍子在地上画一个半圆，点上蜡烛，祭过酒，我们便齐刷刷地跪下去，给父亲烧化纸钱。①当纸灰如黑色的蛱蝶在晴朗的天空中飘飞时，我似乎感到了父亲从天界注视我的深情的目光。我的心不由颤了一下。父亲长眠之地，东边不远处是一条机耕路，南面是一年四季长流不息的洋峪河，河边是一大片树林，树林里时常有斑鸠鸣叫，再往南则是清荣峻茂的终南山；西边是庄稼地，紧接着是一个大桃园；北边脚下，便是一条清泠的小溪，沿溪是两排高大苍老的树木，再往北就是我们祖祖辈辈生活的村庄，还有少陵原。春有花，夏有月，秋有虫声可闻，冬有瑞雪相伴，想他老人家一定不会寂寞吧。

②喜欢八月，喜欢八月的原野，更喜欢八月原野上的庄稼地，因为它和我的一个亲人有关。尽管，它曾让我锥心蚀骨地疼痛过。

❶ 采用比喻的修辞手法，把纸灰比喻成黑色的蛱蝶在空中飞舞，生动形象地描写了纸化成灰飞向天空的情景。作者见此情景，联想到了逝去的父亲。

❷ 文章结尾巧妙与开头遥相呼应，字里行间渗透着作者对父亲深入心灵的思念和缅怀。

[1] 青塚在这里是指长满青草的坟墓。

延伸思考

1. 文章引用爷爷教孙女的儿歌有什么作用?

_____

_____

2. 作者为什么喜欢家乡的八月?

_____

_____

雨

名师导读▶

　　作者以汪曾祺先生的《昆明的雨》作为开头，引出了家乡的春雨非常及时，而下雨天是睡觉的好时候，但勤劳的父亲却冒雨在田里给麦苗施肥，在院子里播种蔬菜。文中采用细腻的笔触，多角度描写了雨，为读者展示了别有韵味的雨境，使读者读来津津有味。

❶ 开篇引用汪曾祺先生写的《昆明的雨》中的一段话，描写了昆明雨季空气非常湿润，连悬挂在门头的仙人掌都能开花，为后文的描写做好了铺垫。

　　① "昆明人家常于门头挂仙人掌一片以辟邪，仙人掌悬空倒挂，尚能存活开花。于此可见仙人掌生命力之顽强，亦可见昆明雨季空气之湿润。雨季则有青头菌、牛肝菌，味极鲜腴。"这是汪曾祺先生写《昆明的雨》一文中的一段话。写雨而不先及雨，却从仙人掌写起，这是汪先生笔下的活泛处。十多年前，我初读这篇文字，一下子便喜欢上了。以致多年来，一读再读，每读，都有雨声在心灵深处响起。

　　记忆里的雨是和春天联系在一起的，也是和父亲联系在一起的。

　　每年的仲春时节，当历经了一冬严寒所勒的麦苗刚刚返青时，家乡的原野上总要落几场春雨。那雨仿佛是揣摩透了庄稼人的心思似的，就在他们最盼雨的时节，就在麦苗最需要滋润的时节，便悄然地降临了。这雨有时在黑夜，有时在白天。听，那沙沙沙的声音，如万蟹吐沫，又如众蚕嚼食桑叶，让人的心如抹了蜜，都要融化了。燕子在春雨里斜飞，它们用黑色的翅翼剪破雨幕，也剪碎了庄稼人旖旎的梦。<u>①雨天酣睡，让梦遗落春野，还有什么比这更自在的呢？</u>当然，也有不睡的庄稼人，他们宁愿踏着泥泞，戴着草帽，披着蓑衣，走进田野，嗅嗅泥土散发出的香气，看看雨天里更加碧绿的麦苗，遥想着夏日里的麦香，嘴角就会漾出不易察觉的笑意。<u>②在这些雨天里不愿酣睡的庄稼人里，就有父亲的身影。他也悠闲地在野地里转，但更多的时候是给麦田施肥。春雨贵如油，他才不愿意让这金贵的雨水白白流走呢。趁着雨水，把化肥如天女散花般地抛撒进麦田，不至于像晴天大日头那样，给麦田上肥，把麦苗烧坏，这是每一个庄户人都懂得的理儿。</u>父亲当然也懂得这个道理。要不，他怎么会冒雨走进田野里呢。而施过肥的麦苗，自然就如吃饱了乳汁的婴儿，格外的欢实了。

　　记忆里，每当春天下雨时节，还有一个场所，也能见到父亲的身影。这就是院子里的菜园。二十世纪六七十年代，土地还属于集体所有的时候，因没有自留地，父亲总会在我家的院子里辟出一块隙地，栽上

❶ 采用反问的修辞手法，更加肯定了雨天睡觉是一件美事，增强了语气。

❷ 描写了父亲在雨天不愿意酣睡，他趁着春雨的降临，给麦苗施肥，体现了父亲的勤劳、睿智。

❶ 这里列举了父亲在春季下雨的时候在菜园里劳作的原因，体现了父亲的勤劳、智慧。

❷ 这是作者的联想，父亲的辛勤劳作收获了美味的蔬菜瓜果，给孩子们带来了美好的希望。

一两畦韭菜，点上几窝南瓜，种上一些西红柿、黄瓜，还有豇豆、辣椒、茄子什么的，总之，蔬菜的品类很多。这些蔬菜，除南瓜、豇豆需要下种外，其余的，都要买来秧苗，进行移植、栽种。而这些活路，父亲大多都在雨天做。①一则因为雨天生产队不上工，有闲工夫；二则是因为雨天地墒足，空气湿润，移栽的植物比晴天好成活。这样，在淅沥的春雨中，我便常看见父亲戴了一顶旧草帽，披一张白塑料布，坐在一张小凳子上，安然的，有滋有味地做着这些活计。有时累了，他会歇下来，或坐在凳子上，或抬起身，伸一个懒腰，抽口烟，喝点水，然后再干。这时呢，往往就有四五只麻雀或蹲在屋脊上，或蹲在屋檐下的墙台上，叫着，歪着脑袋，睁着滴溜溜的眼睛，望着院中。而雨水便顺着瓦松，一滴滴流下，流进瓦垄，顺着瓦檐滴下。②我坐在炕上，半靠着窗户，望着窗外的一切，脑中便会想着，到了夏季里，我和弟妹们就会有带着嫩刺的鲜黄瓜吃了，就会有粉红色的西红柿吃了。还有那几窝南瓜，它们会扯出长长的藤，开出鲜艳的黄花，一直顺着墙爬上墙头，结出好多南瓜。甚至，把瓜儿结到邻居张大妈家的院里。

不过，自从去年秋天一个落雨的日子里父亲下世后，这些对我，便都已成遥远的旧事了。

延伸思考

1. 下雨的时候是酣睡的时候，可父亲在干什么？

_____

_____

1. 看着忙碌的父亲，"我"想到了什么？

_____

_____

场　院

名师导读 ▶

场院是生产队时候人们晾晒碾场所用的地方，当人们忙完农事，这场院就成了鸟儿们和孩子们玩耍的乐园，那里有父亲劳作的身影。作者主要抓住童年对场院的回忆，采用多种方法对场院进行了多方面描写，着重介绍了其功用，抒发了对场院的独特感情，让我们去细细品味一番吧！

❶ 采用拟人的修辞手法，生动形象地描写了风将场院"梳理"干净，为孩子们提供了一个玩耍的乐园，为下文做了铺垫。

风从南山上吹来，有时细细弱弱，有时强劲有力。但不管如何，它们都要在场院上逛荡一圈或无数圈后才离去。①风是多情的可爱的，它把场院当成了它的孩子，来回地抚摸，场院便被梳理得干干净净，有时简直连根草棍都没有，这让我们一帮孩子很高兴，因为，我们可以在场院上尽情地玩耍，翻三角、滚铁环、玩弹球、斗鸡……当然还可以疯跑。这种时候一般是在春季或秋收以后，这时，场院上再也没有了农事，没有了禾稻堆积如山的情景，没有了大人们忙碌的身影，它一下子变成了我们小孩子的天地，也变成了我们的乐园。

　　场院其实就是我们生产队的打谷场，位于我家的南面，和我们家隔了一条小溪。它叫场院的原因无他，只因它的四周，都住有人家，这样，它虽说是一个农场，却更似一个大院子，于是，它便被大家称作了场院。场院不大，有六七亩地大的样子，可它当时在我们的眼里，已经是很大的地方了。场院一年中被用得最多的时候是夏秋两季收获季节。每当这两个时节，生产队里所有田地上出产的东西，便被全部搬到了场院上。这时，场院上便像召开了一个庄稼的博览会，有麦子，有水稻、谷子、苞谷、大豆、红薯，等等，不一而足。这里面，除了麦子是夏季作物外，其余都是秋季作物。^①有了这些庄稼，场院便不再寂寞，它日夜释放出来的都是热闹的说笑声，以及电碌碡、脱粒机的轰鸣声。这样的场景也就持续一个月左右，场院便又复归沉寂。而此后呢，场院里便有了麦秸垛或稻草垛，便成了鸟群呼啸出没的地方，自然，还有我们这帮孩子。不过，有时我们玩，鸟群也在快乐地觅食；有时我们疯闹，鸟雀便被惊得四散逃离，它们只能远远地飞开，栖息于场院边的树上或者人家的屋脊上，叽叽喳喳地叫着，惊疑地打量着场院和在场院中玩耍的孩子们。

　　^②幼年，我曾无数次看见父亲带领乡亲们在场院里忙碌。父亲是生产队队长，每年的夏忙季节，他都会做碾场的事，好像这件事是给他固定的一样。正午，炎炎的烈日下，我总见他头戴一顶草帽，脖子上搭一

❶ 场院在夏秋季被派上了用场，人们所收获的庄稼被放在上面晾晒、碾轧，这里用场院释放出的各种声音反映了丰收的人们在场院忙碌的热闹场面。

❷ 这是一个总起句，概括了本段的主要内容，起到了统领全段的作用，引出下文。

条被汗水浸湿的毛巾，戴一副墨色石头镜，穿着短裤背心，斜拉着电碌碡，在场院里碾场。一场院金黄的虚泡泡的麦子，在电碌碡反复地碾轧下，逐渐变得平复。之后，一些社员用杈将这些平复的麦子一杈杈挑起，来回抖动，待到麦粒撒落到地面上后，然后放下麦秸，再挑下一杈。原来平复的麦子，在社员们一杈杈的挑抖下，又变得蓬松起来，这样，喝够了水，歇过了劲的父亲，便又拉开闸刀，让电碌碡在场院里奔跑，直到把这一场麦子碾干净为止。而父亲歇息时喝的水，大多是我从家中的老井里汲出的清凉的井水。<u>①</u>我每次看父亲喝完水后惬意、满足的样子，心里都会升腾起一股甜蜜。

如今，场院已不复存在，二十世纪七十年代，它先是被一个大园子所取代，园子四周加筑了夯土的围墙，园子里盖有豆腐坊、粉坊、猪场、磨坊、碾坊。后来，园子被拆毁，它又变成了村人的宅基地，场院的上面盖满了房屋，成了人家的院落。而我所挚爱的父亲，就在两年前，也已离我而去，静静地躺在了家乡的原野上。<u>②</u>只有南山上的风，还一次次地吹进村庄，吹到人家的屋檐上，但却怎么也找不到它所熟悉的场院。

❶ 父亲顶着烈日在场院上碾场，我为父亲准备了家里老井中汲出的清凉井水，看到父亲喝水后无比惬意的样子，作者为能帮助父亲而高兴。

❷ 场院已经不复存在，父亲也谢世而去，南山上的风又来光顾场院，却怎么也找不到它的身影，体现了作者对场院、对父亲的怀念之情，对童年的深深留恋。

延伸思考

1. 场院一年中被用得最多的时候是什么季节?

_____

_____

2. 场院的功用是什么?

_____

_____

3. 描写父亲在夏忙时节在场院上劳作的情景用了什么描写方法? 有什么
作用?

_____

_____

豆腐坊

名师导读 ▶

　　作者对家乡的豆腐坊有着独特的记忆，他忘不了四爷请他们吃豆腐锅巴的情景，忘不了四爷与帮手做豆腐的情景，也忘不了喜子家院中那槐花的香，这一切归结于作者对家乡深深的思念之情。

❶ 文章开头详细介绍了从"我"家出发到豆腐坊的路径方位，为后文的描写做了铺垫。

❷ 描写了夏收以后，生产队在空地上做粉条的情景，粉条漏好以后挂在架子上闪着亮光，对于孩子们来说充满了诱惑。

①从我家的大门口出发，横穿过街道，穿过一道小石桥，便进入了一个四五亩地的大园子，园子的东面一溜儿排列着四间草棚房，其中靠南的两间住着我的小伙伴喜子一家，靠北的两间便是我们生产队的豆腐坊。豆腐坊和喜子家，中间由一道土坯墙隔开。豆腐坊的所在地，其实就是我们队上过去的打谷场，后来打谷场西移，它的四周被砌上围墙，便成了一个大园子，园子里有生产队的磨坊、碾坊、粉坊，有养猪场，还有豆腐坊。除了这些建筑物外，还有一大片空地。②夏收以后，土豆下来，生产队开始做粉条，这片空

地上，便时常会竖起一些一人多高的木头架子，架子上挂满了白花花刚漏下来的粉条，阳光下，闪着亮亮的光。下学后，我们到园子里去玩耍，时常会假装着从晾粉架下过，趁大人们不注意，偷偷撕下一把两把粉条，装进衣服口袋里，迅速逃离，然后到园外去分享。刚漏下来的粉条还没有干透，吃起来软硬刚好，还有一丝淡淡的香味，很好吃。但生产队漏粉，也就那么短暂的二三十天，不像豆腐坊，天天里面都是热气腾腾的，灯火闪亮。因此，相比较而言，我最爱去的还是豆腐坊。

豆腐坊其实离我们家很近，说穿了也就隔着条三四米宽的路，和路下一条一米多宽的小溪，可以说一抬脚就到。小溪的水一来自村南的小峪河，二来自学校里的一口曳水泉，两股水在关帝庙门前相汇，然后北流一阵子，向西一转，流经我家的门前，一路向西，一直流向村西的稻田里。溪水清泠，里面有鳝鱼、鲫鱼，运气好的话，有时还可以在里面捉到老鳖。溪岸边多高杨大柳，春夏时节，一街道的绿荫，鸟雀在树间欢叫，人在街道上行走或者歇息，都会觉得惬意。
①最有意思的是，夏日的晚间，端了饭碗，坐在门前的大石上纳凉，萤火虫就在溪边飞来飞去，尾灯一闪一闪，有时竟会飞到人的面前，栖息在人的碗沿上。每当此时，大人们则会用筷子将其掸落，小孩子呢，则会把萤火虫捉住，放进一个空玻璃瓶里，睡觉时置于床头，梦里便有萤火虫亮着萤灯飞翔。豆腐坊里做豆腐用的水，就取之于我家门前的这条小溪。

❶描写夏夜，人们端着碗边吃边在门前大石头上纳凉，萤火虫也飞来凑热闹，孩子们抓萤火虫玩耍，一派和谐温馨的场景。这也是作者童年温馨的回忆。

在豆腐坊里做豆腐的是四爷。四爷姓付，那时也就是五十岁的样子，但头发已经开始斑白了。我不知道四爷叫啥名字，只听大人们叫他成叔，大约他的名字叫付什么成吧。常常我和一帮小伙伴在门前玩耍，突然看见四爷伛偻着腰在溪边用竹笼淘豆，就知道，四爷又要做豆腐了，我们就会冲四爷甜甜地叫一声："四爷，淘豆哪！"① 四爷就会闷声说："是呀，又要做豆腐了，你们一会儿来吃豆腐锅巴吧。"我们便会答应一声，然后继续玩耍。我们知道淘洗干净的黄豆，还得放到石磨上，由小毛驴拉动石磨，将豆子磨成浆，把豆浆放进添了水的大锅里，之后用麦秸火烧开，用卤水或石膏点了，这才能变成豆腐，而把这一切做完，最少也需一个小时。因此，我们并不着急。又玩了一阵子，等到估摸着豆腐锅快开了，我们才呼啸着奔进豆腐坊。果然，豆腐锅上，已经热气腾腾了。四爷正俯身锅上，用一根竹棍揭豆腐皮。见状，我们也围住锅，折了小竹棍，在锅里乱挑豆腐皮吃。新出锅的豆腐皮油油的，有点咬头，好吃极了。待到三遍豆腐皮揭过，豆腐也已在锅中结成了块。四爷便吩咐帮手，张开豆腐包，把豆腐块带水，一瓢一瓢地舀进豆腐包里。豆腐包是用细纱布做的，放在一个大瓦盆里，瓦盆下面是一个木制的井字架，架下是一口半人高的老瓮。经过豆腐包的过滤，豆腐留在了纱包里，豆腐浆水则顺着盆沿，流进了下面的瓮里。等到包里的豆腐满了，四爷便会和帮手扎紧豆腐包口，然后，在包上再倒扣一个和下面一样大的瓦盆，这样，一个豆腐就做成了。只等热

① 通过四爷闷声回答孩子们的话，可以看出四爷对孩子们的关爱，体现了四爷的善良与慈祥。

豆腐冷凝后，第二天解了纱包，就可以运到集市上去卖了。① 我们最急切等待的是四爷扎紧了豆腐包那一刻，这时呢，四爷便会把锅里剩下的豆腐和铲下的锅巴分给我们吃。豆腐锅巴上有很多细细的眼儿，吃起来有一点焦煳味，味道很特别。至今，我还能记得我们吃焦煳了豆腐锅巴时常爱说的一句话："吃焦锅巴，拾银子呢！"

② 我爱去豆腐坊还有一个原因，就是可以到喜子家院子里玩。喜子家的门朝东开，豆腐坊的门朝西开，两处虽共用四间草棚，但却并不相通。喜子家住在园子外。喜子家院落很大，院中有六七棵高大的槐树，树下有一平坦的大石，我们常在院中打扑克、玩跳房子。尤其是五月，槐花盛开时节，万花浮动，轻风吹过，甜香满院，人如在梦里。每每此时，我便看见喜子瞎眼的妈妈，静静地坐在门前，白净的脸上，挂满平和、慈祥，如一幅动人的画。

岁月悠悠，如今豆腐坊已荡然无存，就连四爷和喜子的妈妈也已作古，他们的坟墓上，也早已是草色青青。但豆腐坊里所散发出的豆腐的香味，以及喜子家院中槐树上所散发出的幽幽花香，却时常在我的梦里萦回。③ 它们似南山上的远岚野烟，又似时不时涌上我的心头，让我挥之不去的淡淡乡愁……

❶ 这是一处心理描写，孩子们早早地来到豆腐坊看四爷做豆腐，等的就是这一刻，将孩子们想吃到锅里剩下的豆腐和铲下的锅巴的迫切心理描写得淋漓尽致。

❷ 这里简单介绍了"我"爱去豆腐坊的另一个原因，可以去喜子家玩。

❸ 文章结尾描写了作者对童年那豆腐坊、喜子家院中的槐花香刻骨铭心的牵挂，体现了作者对童年、对家乡的无限思念之情。

延伸思考

1. 作者喜欢去豆腐坊的原因是什么?

_____

_____

2. 作者对喜子家印象最深的是什么?

_____

_____

3. "又玩了一阵子,等到估摸着豆腐锅快开了,我们才呼啸着奔进豆腐坊。"句中的"呼啸"一词在这里有什么作用?

_____

_____

园林场往事

名师导读 ▶

　　园林场其实就是一个果园，作者在果园里拥有美好的回忆，那一棵棵果树、一只只昆虫，都给作者带来了美妙的感觉，作者采用多种写法，多感官地去感受事物，这种写法使读者身临其境。让我们也去体会一番吧！

　　每年大雁开始北飞时，我都要随叔父去村里的园林场玩。这个时节，园林场里可谓花事繁盛，美不胜收。① 先是杏花开放，随后桃花、苹果花也次第开放，或粉白，或嫣红，吸引得蝴蝶在花丛中流连，吸引得蜜蜂不分昼夜奔忙采蜜，也吸引着我在果园里疯跑。园林场是我们村的一个大果园，在村庄的东北角，北临大峪河，有千亩之巨。它的最北边的界线，就是大峪河的河堤。河堤是由脸盆大的石头垒砌的，有一人多高，由西向东，随了河的走势，蜿蜒而去。丽日晴空下，像一条白龙，或者，巨大的长长的手臂，而园林

❶ 作者开篇生动形象地描写了杏花、桃花、苹果花的依次盛开吸引了蝴蝶、蜜蜂和"我"的到来，增强了文章的表达效果。

55

场就静静地躺在臂弯里，如一个憨憨的婴儿，一年四季，做着彩色的温暖的梦。叔父是园林场里的一名技工，上过几个月县里举办的果木培训班，很爱果木园艺。说是技工，实际上他什么活都干，冬天给果树上肥、剪枝，春夏给果树打药、浇水，秋天看守果园、摘果。总之，一年中是手脚不停，忙得像一个陀螺，在季节这根鞭子的挥舞下，滴溜溜乱转。我那时年纪小，还没有上学，便时常随了叔父，到园林场去玩。

园林场里有许多好玩有趣的事。譬如，冬天叔父给果树剪枝时，我便围在他身边，看他一手把住树枝，一手执剪，咔嚓咔嚓，动作流畅地修剪树枝。① 在如音乐般美妙的剪刀声中，果树的荒枝、败枝，纷纷落下，我便把这些剪下的树枝，帮助叔父捡起来，归拢到一块儿。有时，遇到较高的略大的枝条需要剪断，叔父就会爬上人字形的矮梯上，用一把手锯，慢慢地锯。这时呢，我便不失时机地用双手扶住矮梯，以防梯子不稳，将叔父摔下。每每此时，叔父总要回过头来，爱怜地看我一眼。那目光里有慈爱，有期许，但更多的是欣慰、怜惜。除了给果树剪枝，冬天如果太冷，叔父和工人们还会给果树的主干刷上石灰水，或者，用稻草拧成粗草绳，把半截树干缠绕起来，以此给果树保温，以免果树被冻死。

② 夏天呢，园林场里则是墨绿一片，由于水、肥、光照充足，果园里显现出一派的生机，桃树碧绿，苹果树粉绿，梨树翠绿，一眼望去，棵棵果树都宛如绰约美少女，风致可人。果园中有金龟子在树间嗡嗡地飞，

① 利用比喻的修辞手法把剪刀声比喻成美妙的音乐，体现了叔父行如流水的剪枝动作。

② 采用比喻的修辞手法，把果园里那一棵棵桃树、苹果树、梨树比喻成绰约的美少女，生动形象地描写了果树的可人样子。体现了夏日果园的生机盎然。

有知了在叫，有蝴蝶在缠绵起舞，还有色彩斑斓的瓢虫静静地伏在果树叶上。但千万不可被眼前的美景所迷，更不可粗心大意。因为，此时正是各种害虫猖獗之时，也是果树易受旱魃侵害之时，这两项，无论遭遇哪一项，果树都会减产。唯一的办法就是打药防虫，给果树勤浇水。这时呢，工人们就会配置好波尔多液，用喷雾器给果树打药。① 叔父告诉我，波尔多液是用硫酸铜、生石灰和水配制而成的，它是由一个名叫米亚尔代的法国人在波尔多城发现的，因此叫波尔多液。工人们一年中要给果树打三四次波尔多液，果树刚落花后要打，果树刚坐果时要打，多雨时节也要打，主要给苹果、梨树、葡萄打，可预防果树落叶病、烂心病、果锈病等。桃树是不用打的，桃树对铜过敏，如给桃树喷波尔多液，便会把桃树喷坏。整个孩提时代，我曾多次随叔父给果树打过波尔多液。如果打药那天，我恰好穿的是白衣服，我的衣服上便会有星星点点淡淡的蓝色，而回家后，这个秘密也总会被母亲猜中。母亲总是温和地问："又给果树打药了？"我起初弄不明白母亲是怎么知道的，还以为是叔父告诉她的。及长，我才明白，母亲也曾给果树打过药，她知道波尔多液是天蓝色的。

时令进入六月，园林场里的果树已普遍挂果，且已逐渐变大，有了一些淡淡的味道。为防孩童和牲畜进园糟蹋，便需人来看管。② 从这时开始，一直到秋末果园净园，叔父便很少回家，他吃住大多都在园林场里。这段日子，我也很少去园林场，因为场部有规

❶ 此处插叙了波尔多液的配方，以及它名字的由来。

❷ 园林场里需要叔父看管，不能常回家，可以看出园林场里工人的辛劳。

57

定，不准闲散人员进园，我只能眼巴巴地盼着叔父回来。尽管有规定，但叔父有一次还是破例把我带进了园林场，而且在果园里住了一夜。那次，我除吃了一肚子桃子、苹果、梨、葡萄外，还难得地在搭起的高架棚上做了一次守夜人。我起初随叔父到果园里巡视了一圈，随后便回到高架棚上，边看夜景边和叔父瞎唠嗑。果园里的夜晚棒极了，夜风吹着，看满天如拳的星子眨巴着眼睛，听着各种昆虫的合唱，你会觉得这样的夜晚真是美妙极了，也神秘极了。唯一让人不耐的是蚊子太多，这些蚊子都是荒草中生出的饿蚊子，遇人猛叮，一叮一个大红疙瘩，特厉害。^①但叔父有的是办法，果园就建在河滩地上，多的是蒿草。把蒿草刈倒，晾干，拧成火绳，临睡前在高架棚下点燃，会散发出一种辛辣味，蚊子一遇到这种烟味，便会四散逃窜。这样，我和叔父也就不惮蚊子的叮咬了。

1982 年，我离开家乡到西安上学，从此，便再没有去过园林场。只是在偶尔回家时听叔父讲，村里把园林场承包出去了。后来，园林场几经易手，因承包人只顾产出，不进行投入，又疏于管理，园林场变得越来越不成样子。先是果树大量死去，后是承包人看到种植果树利润不大，干脆把部分果园毁掉，开挖成鱼塘，建成采石场，这样，园林场便几乎被毁坏殆尽。叔父每次提及园林场被毁一事，常常痛惜不已。2010 年春天，正当桃花满天红的时节，叔父却因病悄然离开了人世，静静地躺在了家乡的蛟峪河畔。得到叔父谢世的消息，我想到幼年随叔父到园林场的那些往事，

① 夏夜的蚊子是让人烦恼的，叔父晒干蒿草，拧成火绳后点燃，来熏跑蚊子，体现了叔父经验丰富。

不由怆然泪下。^①叔父的墓地在村南，尽管离园林场很远，但幸运的是，墓地的西边却有一片他一生挚爱的桃林，想他在另一个世界里，也不至于太寂寞吧？

① 叔父被葬在离园林场很远的地方，但墓地附近却有一片桃林陪伴着他，作者希望叔父因此不会寂寞，体现了作者对叔父深深的缅怀。

延伸思考

1. 作者是怎样描写春天的园林场的？

_____

_____

2. 果园的夜晚蚊虫很多，叔父采用什么办法驱蚊？

_____

_____

年　灯

名师导读 ▶

年灯其实就是人们过年的时候挂的庆祝的灯笼，作者对年灯有着独有的喜爱之情，尤其是经常玩火囫囵灯笼，在雪夜体会到了雪打灯的独特风情，作者在描写年灯的时候，采用了回忆插叙的写法，把童年玩年灯的情景，生动地展现在读者面前，如身临其境。我们也快去体味一番吧。

打我懂事起，我一年中最盼望的日子就是过年了。过年除了可穿新衣服，吃好东西外，最吸引我的，则是可以有一盏两盏灯笼。我有五个舅舅，正月初六一过，他们就先后到我家来，给我送灯笼。送的灯笼虽然很多，但我却不能一个人独享。这些灯笼里，也有弟弟妹妹的份儿。有些贵重的灯笼，比如莲花灯、玻璃灯、珠子灯等，母亲还不允许我玩，她要挂到房屋下，挂一年，待到来年新灯笼送来后，这些灯笼才能取下，收藏到阁楼上。① 我玩的都是一些最平常的火囫囵灯。这种灯类似

❶ 此处介绍了火囫囵灯的外形、大小、构造等，引出了下文。

浑圆的宫灯，有足球那么大，中空，上下各有一个圆孔，下孔有一个活动的方形或圆形的木块，木块上有一个小洞，用以插蜡烛；上孔有一根灯系，灯系上有一根小棍，孩子们就是点上蜡烛，然后挑上这根灯棍，而四处游走的。冬夜里，一个个火红的灯笼，在村边，在街巷里，晃动，流动，伴着孩子们童稚的说笑声，很是喜庆。

我也在这支欢乐的队伍里，喜悦是无以言说的。

如果是有雪的夜晚，那情形更加好看。①雪花如漫天蛱蝶，在灯笼的周围，翩然而飞。在暗红色的灯晕下，地上的雪，显得异常的宁静、温暖。夜色也显得更加的迷离。我们欢快地在路上走着，体味着雪打灯的韵味。突然，谁的灯笼不小心着火了，大家先是一阵惊呼，随之便是一阵快活的笑。在我幼小的记忆里，我每年都因不小心，或者顽皮，烧掉三四盏灯笼。有一年，我甚至烧掉了六盏灯笼，没有灯笼可打，我便要赖，向弟妹们要，结果遭到了母亲的一顿呵斥。

②能有啥办法得到一盏灯笼呢？晚上，睡在滚烫的热炕上，我翻来覆去地想。我的不安静被祖父发现了，问明了原委，他安慰我说："快睡觉吧，爷明天给你买！"果然，第二天，等我一睁开眼，祖父便领着我，走了十里路，来到杜曲镇集市上。嗬，这里卖灯笼的真多，简直是灯笼的海洋，有的把灯笼挂在搭起的架子上，有的挂在人家的屋檐下，但更多的人，则是给自行车后座上，绑上几根竖起的棍子，一个个灯笼就像糖葫芦一样，穿在棍子上，煞是好看、壮观。③我随祖父在集市上转了半天，吃了蜜粽子，吃了糖葫芦，

❶ 采用比喻的修辞手法描写了夜晚雪打灯的情景。雪花漫天飞舞、红红的灯笼透出一丝温暖和宁静，动态和静态描写相结合，完美展现了雪打灯的动人场景。

❷ 心爱的灯笼全被烧了，怎样才能再得到一盏呢？设置悬念，激发了读者的兴趣，体现了作者对灯笼的渴求。

❸ 描写了疼爱"我"的祖父带着"我"到集市上不仅买了美食，还买了心心念念的火圈圈灯，将作者非常高兴的心理刻画了出来。

61

自然，还买了一盏火囫囵灯。然后，高高兴兴地回家。

夜幕降临了，我又有灯笼可打了。雪花无声地落着，我的心里却是暖融融的。这暖意，如同解冻的春水，数十年间，即使在祖父谢世多年后，还在我的心中不停地流动，流动……

延伸思考

1. 作者描写的火囫囵灯笼是一种什么样的灯笼？

_____

_____

2. 文章在描写雪打灯的情景的时候采用了什么描写方法？有什么好处？

_____

_____

温暖中的疼痛

　　童年在作者的记忆中是无限美好的，因为有父亲的爱洋溢在身边。每逢过年，父亲总会做几道拿手好菜来犒劳孩子们，这充满爱的美味使孩子们赞不绝口，终生难忘，也使得作者在父亲去世多年仍然伤痛不已，不愿提及。文章最大的亮点就是借景抒情，全文章充斥着淡淡的忧伤，使读者在一种温暖的氛围中，听作者娓娓道来……

　　冬至一过，年就悄然向我们走来。先是街上的人，明显的多了起来；再就是有了零零星星的炮仗声。打工者开始返乡。一些客居西安的异地人，也候鸟一样返回故里。还在上班的人，心里也开始有了慌慌的感觉。但我却是无动于衷。我早先不是这样的，和所有的在外工作者一样，每年到了年关将至的时节，心中也是急切地盼望着，盼望着能早日回到故乡长安稻地江村，闻闻那里的炊烟味，看看一些熟悉的笑脸，尤

① 早年作者与其他上班的人心理是一样的，每逢将要过年的时候都盼望着早点回乡过年，但自从父亲遽然去世，作者回乡的热情逐年变淡，体现了作者沉浸在父亲去世的伤痛之中，没有了亲人，回去的意义已经不大。

② 此处插入了父亲学会做饭的原因，体现了父亲不愿麻烦别人、吃苦耐劳的品质，为后文父亲下厨为孩子们做饭做了铺垫。

③ 描写了作者一家人年三十团聚在一起喝酒后的情景，酒拉近了一家人之间的距离，使这个家充满了和谐与温暖，点明中心。

其是亲人们的笑脸，我的心里就得到了莫大的慰藉。三十年间，我回家乡过年的行为，一直没有中断过。①但十二年前，自从父亲在那个秋天的日子里，遽然离我而去后，我的心里一下子变得空落了许多，过年时，迫切回家的心情，也逐年变淡。我不知道我回家去干什么？故乡是我的出生地，我理应眷恋。但从一个更深层面上讲，它是因了父辈们的存在而有意义的。

心中虽然彷徨着，可记忆深处所隐藏着的那一丝温暖的情愫，却如涌泉，时时泛起。那涟漪，也是一轮一轮的。

父亲在世时，每年的年三十夜，他老人家总要亲自下厨，做几个菜。然后，一家人围着桌子，边吃年夜饭，边看春晚。父亲最拿手的菜有两个，一个是麻辣豆腐，一个是板栗烧鸡块。每年，他几乎都要做这两道菜。豆腐是父亲做的，鸡是自家养的，至于板栗嘛，是父亲到杜曲集市上买的。父亲过去是不会做饭的，关中男人也没有下厨做饭的习惯，每年的除夕夜，他之所以要亲自下厨，全是因为我和三个弟妹，他想让我们高兴一下。父亲学会做饭，纯属一个意外。②大约是1974年吧，父亲受公社的派遣，远赴海南，学习水稻改良，一去八个多月。起初，他们在当地吃派饭，后来几个人嫌老麻烦老乡，就决定自己动手，轮流做饭。一来二去，父亲竟然学会一套不错的厨艺。当然，最初，他也是受了一番苦的。听母亲讲，父亲刚学做饭时，实在是一头雾水，没奈何，第一顿饭，竟给同伴做了只有跑山人才做的老鸹头。③酒是要喝的，一和我们喝酒,父亲一下子变得和蔼了,没有平日的严肃了。酒实在是好东西,它拉近了我和父亲的距离,让我觉得这个家,更加的温暖。

　　一般的情况下,大年初一早晨的五点钟,父亲就起床了,他和母亲一起,要为我们包饺子。而此时,我和弟妹们,则还在香甜的睡梦中。睡梦中,有此起彼伏的鞭炮声,还有父亲当当地剁饺子馅的声音。待我们起床后,一碗碗热气腾腾的饺子,就端到了我们的手里。①那饺子真香啊,汤里还漂着许多香菜末、葱花什么的,一望就让人馋涎欲滴。吃罢了饺子,我一般会到村中转转,和村中的老者,兴致勃勃地下几盘象棋,而父亲呢,也常会笑眯眯地站在一旁看。有时,一端详,就是一上午。直到我兴尽离去,他才离开。

　　初二吃过早饭后,我和父亲母亲都要带上礼物,涉过清浅的小峪河、太乙河,去舅舅家做客。舅舅家在我们村西的新南村,村庄西倚神禾原,南面终南山,也是一个风景秀丽的小自然村。舅舅和父亲关系很好,每年过年时到舅舅家去,父亲都会喝得微醺。而回家时,舅舅都会一送再送,直到把我们送出村,送到太乙河畔,才依依不舍地分手。待我们过了河,回头一望,舅舅还站在河的那一端,向我们招手呢。父亲则会隔了河嘱咐,让舅舅一过初五,就上我们家中来。那几乎是关中农村,舅舅给外甥送灯笼最早的一天。

　　如今,这些场景还有,但父亲却没有了。②每想及此,我的心中就如长了乱草,慌慌的,还有点疼痛。

❶ 满含着父亲母亲浓浓亲情的饺子是世界上最香的,因为那是他们早起亲手包的,表达了作者对父母深深的怀念之情。

❷ 父亲去世的伤痛,作者每逢想起都会痛彻心扉,体现了作者对父亲深深的怀念。

延伸思考

1. 作者开头采用什么修辞手法描写了上班的人感觉新年将至的感觉与作者心中的感觉?

_____

_____

2. 父亲是如何学会做饭的?

_____

_____

3. 从哪里可以看出舅舅和父亲的关系很好?

_____

_____

秦　腔

名师导读 ▶

　　秦腔作为我国西北地区广为流传的地方戏曲，它以唱腔
慷慨激越、音调高亢激昂而受到广大群众的喜爱。秦腔靠吼，
说的是秦腔声如黄河奔腾，如华山宏伟，如黄土深厚，高亢
的秦腔融有山地民歌的吆喝声和西北民风的淳朴。

一

　　① 骤然响起的歌声是在黄昏，或者坚冷的夜中。

　　那时，也许正是夕阳西下，燕雀归巢之际。而一
个劳累了一天的庄稼人，赤足、扛犁、赶牛，于归家
途中，看着自己的家园，触景生情，吼一折秦腔，便
是极自然的事了。

　　若在夜中，那便是正月。搭一简陋戏台，自己排练，
自己欣赏。当锣鼓镲钹响起之时，台下便是一片热闹。
歌者尽兴，观者尽兴。不觉夜深，却均无归意。

❶ 文章开门见山
点出了歌声响起的
时间，体现了秦腔
的独有特色，为后
文做了铺垫。

这时，强硬的风掠过树梢，电线呜呜作笛子叫。而歌声粗犷，随风悠扬，飘向十里八乡。你便会产生一种荒天漠漠的感觉，觉察出生命的顽强与作为人的骄傲。

二

秦腔的境界在于吼。

它要求歌者，无论是都市的细发人，或者乡野的粗蛮人，唱它时，都要用生命的底音。那是来自洪荒时代的声音，野兽畏惧，天地震惊。这声音是带铜质的，是经过亮丽的阳光打磨过的。这声音是带峻冷之气的，是经过西伯利亚冷风揉搓过的。这声音还是带血丝的，它自吼唱者的肺腑发出，磨烂喉咙，因之，有一种悲壮的肃杀的气势。

吼秦腔时，最好在冷天。于广漠的高原上，你一个人踽踽独行。① 头顶一轮没有热量的太阳，迎面是刀割一样的寒风，这时，你吼一折秦腔，便会消除寂寞忧愁，便会身心发热，通体舒泰。就连原来在冷风中瑟缩的白杨树，你也会感到是那么不平凡，那么峻拔。

❶ 描写了在寒风凛冽的大冷天，吼一折秦腔会解闷消愁、全身舒畅，体现了唱秦腔和听秦腔都是有好处的，人们的心声在秦腔中得以表达和倾泻。

三

② 在送葬的路上，秦腔，尤其令人断魂。

一折《祭灵》，撼天动地，把人的肠子都能揪断。而《四郎探母》更是哀婉凄绝，让人流泪。歌者，头

❷ 用秦腔来送葬，声声令人断魂，体现了秦腔催人泪下的艺术魅力。

带孝白，两手拿梆，边击边唱。^①伴之以咿呀的二胡，呜哇的唢呐，以及亲人对亡者思念的哭声，那种大痛大悲的气势，谁不为之动容？

在冷凝的冬日，在黄尘仆仆的乡间小路上，若走着那么一支送葬的队伍，这是怎样一种让人肝肠寸断的场面。而这时候，恰恰有秦腔响起，那如泣如诉如哭如歌婉转哀伤的调子，不唯人不能堪，就是天地霎时也会变得悲凉起来。

四

^②当然，秦腔也有婉转，也有柔媚，也有女性的一面。但，即使是妩媚，也是秦地所独有的。这是关中女性的妩媚，它较之南方，则有一种霸悍之气，一种粗砺之气。这是赤足走在黄土地上的一种大方，一种本色，不扭捏作态，也不故弄风骚。说穿了，是一种原始的返璞归真。

见过灞陵的柳树吗？那种不畏严寒，只要节令一到，便拼命吐蕾发芽的样子，便是秦腔。它是秦川女儿所独具的。

五

若要理解秦腔，你最好到关中农村走走，看看广袤的秦川大地，和手脚粗黑的农人聊聊，他们能帮你的忙。一只粗瓷碗、半碗白开水、三两锅旱烟，田畔、

❶ 采用反问的修辞手法，更加肯定了秦腔在二胡、唢呐伴奏下，在送葬路上，产生闻者动容的哀痛气势，增强了文章的表达效果。

❷ 文章点出了秦腔也有婉转、柔媚的特点，与之前的豪放形成鲜明的对比，激发了读者的兴趣。

地头，于农人歇乏之际，你便能听到极本色的，那自生命底层的声音，那种来自土地的声音，定会让你感动得流泪。这时，你若望着脸如紫铜的歌者，便会突生奇想，秦腔原来生长于土地，原来便是庄稼人自己。

❶ 秦腔之所以震撼，还基于渭北高原上的高大冢群、古代汉人的英姿，而这两千多年的汉唐雄风化为秦腔的雄浑，震撼着人们。

① 若要理解秦腔，你最好到渭北高原上去，瞧瞧那些拔地而起的大冢，摸摸那些饱经风霜的石雕，体验一下"夕阳残照，汉家陵阙"的景致和霍去病马踏匈奴的英姿。你会觉出一股汉唐雄风自岁月的纵深处吹来，化而为歌，在高原上回荡。这时，你便会蓦然明白，秦腔原来便是秦汉雄风，便是活着的历史。

六

❷ 描写了作者为自己不会唱一折完整的秦腔而遗憾，但作者却在努力地做一个实实在在的坚韧的秦人。

② 生于秦地，长于秦地，我至今不能唱一折完整的秦腔。但，我在尽力做一个秦人。

延伸思考

1. 吼秦腔时，最好在冷天。为什么？

_____

_____

2. 秦腔的声音特质有哪些？

_____

_____

第二辑 风物志

　　离城市远了，离乡村近了。午间休息时，于周边的小路上散步，忽然就看到路边的柳树上有了一抹新绿。目光南望，平日云卷云舒，还有几分枯涩的终南山，此刻也变得朗润起来。看来，春天真的回来了。不觉间，心中就涌动出了唐人的诗句："天街小雨润如酥，草色遥看近却无。"低头一看，路边的小草，果然已发出了新芽，长出了嫩叶。

【2022 届高三高考语文考向卷（五）】

阅读下面的文字，完成下列题。（6分）

螃　蟹

①读《梦溪笔谈》，见有如下记载："关中无螃蟹。元丰中，予在陕西，闻秦州人家收得一干蟹，土人怖其形状，以为怪物。每人家有病疟者，则借去挂门户上，往往遂差。不但人不识，鬼亦不识也。"其实，关中自古就有螃蟹，只是沈括不察而已。关中在秦岭的北麓，秦岭峪口众多，河出峪中，蟹出河中，是再自然不过的事情。即以我的家乡长安王莽乡稻地江村而论，小时候，我就曾在村外的小峪河里捉过螃蟹。惜乎家乡人不解食蟹，吃螃蟹者，率多为我们一帮小毛孩。我过去在乡间听到过一个谜语："小子胖又胖，背个大草筐，剪子有两把，筷子有四双。"说的就是螃蟹。

②小时候，每年的盛夏时节，我都要和左邻右舍的孩子到小峪河里去捉螃蟹。轻轻搬开水中的石头，如下面有螃蟹，它们就会惊慌地四散逃走，不用急，猛然一伸手，螃蟹就会被紧紧抓住，动弹不得，然后把它们丢进洋铁桶里。起初，捉住的螃蟹少，桶中仅有

沙沙声，随着螃蟹增多，除了沙沙声，还会发出螃蟹噀沫的吱吱声。也就一顿饭的工夫吧，小洋铁桶已是满满当当。盖好桶盖，在河中的深潭里再游一会儿水，我们便提着桶回家了。晚上，这些螃蟹就成了我们的盘中餐。也许是我们那一带螃蟹小的缘故，家乡人吃螃蟹并不讲究吃蟹黄、蟹膏什么的，实际上仅有一种吃法，就是将螃蟹去盖、脐，去嘴部组织，然后用清水淘洗干净，上锅油炸。炸出的螃蟹黄亮亮的，油汪汪的，吃起来嘎巴嘎巴，酥脆香。大人们是很少吃这种东西的，他们只是在我们大嚼时，有时禁不住眼馋，吃上一只两只的。

③在乡间，捉螃蟹还有一种方法，那就是借光法，这须等到黑夜。螃蟹趋光，晚间，打上火把，或者揿亮手电筒，沿河游走，螃蟹见光，会悄然爬过来。用火光或手电光照定了，螃蟹就会一动不动地伏水底，用手一捞，它就进了鱼篓。小时候，我和小伙伴们，曾不止一次在夜间捉过螃蟹，是极有趣的事儿。

④读古书，得知古代苏杭一带曾出现"蟹厄"，那几乎是和蝗灾一样可怕的事儿。蟹灾过后，大批秧被损害殆尽。这也就是汪曾祺先生之子汪朗所讲，古人食蟹，是缘于憎恶。我们的家乡，也许是在北地的缘故吧，还未曾听说遭受过蟹灾。

⑤螃蟹的品类很多，据《蟹谱》和《蟹略》所言，少说都在十多种。而名字就更杂了，竟多达一二十个，什么"彭越""长卿""郭索""无肠公子"等，最有名者，莫过于"郭索"和"无肠公子"。"郭索"者，一言多足貌，二言爬行貌，三言爬行时发出"郭索郭索"的声响。宋人高似孙和明人王立道还写过同名异趣的《郭索传》，那实在是两篇妙文，从中亦可看出古人之情趣。至于"无肠公子"，那是古人究物不细，对螃蟹的一种误读。其实，螃蟹是有肠子的，其肠常带黑色，从心脏下面一直通到肚脐眼，不过细而直，不易被察觉罢了。但这

又有什么关系呢？这种叫法让人觉得亲切、有趣。

⑥螃蟹也为历代文人画士所爱。诗人黄庭坚不但嗜蟹，还写下了许多咏蟹的诗歌。与他同时代的高似孙，一生不仅写就了《蟹略》《郭索传》《松江蟹合赋》，还写了十余首咏蟹诗，可谓一往情深矣。画家就更不用说了，古今多有画蟹名手。齐白石所绘之螃蟹让人爱不释手。其题画诗亦妙："但将冷眼观螃蟹，看你横行到几时？""老年画法没来由，别有西风笔底秋。沧海扬尘洞庭涸，看君行到几时休。"观其画，品其诗，别有一番情致。至于螃蟹性躁，用心不一，这一点与时下的许多人相类，让人浩叹。

1.下列对文本艺术特色的分析鉴赏，正确的一项是（   ）（3分）

A.文章开篇引用《梦溪笔谈》"关中无螃蟹"的记载，意在引出话题，激发读者的阅读兴趣，欲抑先扬。

B.本文以时间推移和空间转换为行文线索，组织材料、布局谋篇收放自如，旁征博引，读来颇亲切有趣。

C.本文托物言志，通过讲述童年趣事和与螃蟹有关的逸事掌故，使用篇末点题的手法，讽刺时下浮躁之风。

D."是极有趣的事儿""亲切、有趣""为历代文人画士所爱"，文章字里行间透露出作者对螃蟹的喜爱。

2.文本一以"螃蟹"为题，有哪些作用？请分别结合文本简要分析。（3分）

_____

_____

春天的野菜

名师导读

作者写的这篇《春天的野菜》，描述了人们食用荠菜的历史，并重点描述了荠菜可以做很多美食，以及母亲为作者做爱吃的荠菜美食，本篇文章虽然描写的是各种野菜，但文中却也透着浓浓的思乡之情。

单位搬迁到南三环后，离城市远了，离乡村近了。午间休息时，于周边的小路上散步，忽然就看到路边的柳树上有了一抹新绿。目光南望，平日云卷云舒，还有几分枯涩的终南山，此刻也变得朗润起来。看来，春天真的回来了。① 不觉间，心中就涌动出了唐人的诗句："天街小雨润如酥，草色遥看近却无。"低头一看，路边的小草，果然已发出了新芽，长出了嫩叶。还有

① 此处引用唐朝诗人韩愈的《早春》，描写了南三环路边的柳树以及远观的终南山那淡淡的春色，增强了文章的表达效果，为下文做好了铺垫。

我认识的几种野菜，也长到小酒盅大小，团团然，惹人怜爱。这久违的野菜，让我顿然间想起了故乡，想起了故乡的春天，想起了春天里田间地头的野菜。

说到野菜，我首先想到的是荠菜。每年春风一动，青草一泛绿，荠菜就出来了。往往是在一场春雨之后，它们好像商量好了似的，突然间就出现在了麦田中，田垄头，河畔间。不过，起初并不大，只有大人指甲盖大小，不易为人发现。或者，发现了，也没有人去理睬它。只有再经过十天半月阳光的曝晒、春风的吹拂、雨水的滋润，荠菜伸胳膊蹬腿，舒展了腰身，长得肥硕起来，人们才拿了小刀，提了筐篮，走进田野，开始挑荠菜。① 那真是一件心旷神怡的事儿，棉袄脱了，一身轻松，在煦暖的春风中，在碧绿的麦田中，蹲下身子，边说笑着，边寻觅着挑挖着荠菜，偶一抬头，天蓝云白，似乎连心都飞到白云间去了。荠菜长得很好看，叶修长如柳，边缘有锯齿。起初只有四五片，随着时光的流逝，叶片也如楼台状，不断地复生，直至夏末变老，顶部结出碎碎的米粒状的白花。荠菜有多种吃法，可凉拌。② 将挑挖的荠菜择洗干净，放进开水锅里焯熟，捞出，滤去汁水，然后切碎，加盐，加醋，加姜末，加油泼辣子，再滴一丁点麻油，拌匀即食，其美无比。当然了，这道菜的佐料必须是上好的，尤其是醋，必须好。用山西的老陈醋固然好，若无，用户县大王镇的醋亦可。荠菜还可包饺子，这是最常见的吃法。可素包，以荠菜为主，和豆腐、木耳、黄花、葱姜等合剁为馅，包好，煮而食之。可荤包，最好是

① 描写了人们在阳光明媚的日子里去地里挖荠菜的情景，可以看出人们惬意的心情。

② 描写了拌荠菜的制作过程，体现了人们的能干和智慧。

和瘦肉合剁为馅,这样的饺子煮熟后,既有荠菜的鲜香,又有肉香。但我最中意的是吃荠菜面和荠菜水饭。将擀好的面切成碎面下锅,待水滚后,急投入洗净的荠菜,煮熟,和汤面一起盛入碗中,加入炒好的葱花和调料,徐徐食之,别有滋味。荠菜水饭好像只有我们老家关中长安地方有之,这么多年,我在别的地方没有见到过。将籼米淘洗净,投入多半锅水中煮之,待水滚后,投入荠菜,红白萝卜条,黄豆,煮熟后,加入盐巴,水是水,米是米,稠而不稀,红黄绿白,趁热徐啜,滋味美妙,难以言表。小时候,在长安乡间,每当母亲做荠菜水饭,我都要吃两大碗。荠菜南北皆有,不过北地苦寒,较南地出来晚些而已。南宋诗人陆游似乎特别喜欢食荠菜,他曾写过两首《食荠》诗。①其一:采采珍蔬不待畦,中原正味压莼丝。挑根择叶无虚日,直到开花如雪时。其二:日日思归饱蕨薇,春来荠美忽忘归。传夸真欲嫌茶苦,自笑何时得瓠肥。放翁真知食荠者矣。

春天故乡原野上的野菜多矣。除了荠菜外,还有麦瓶儿、水芹菜、枸杞芽、堇堇菜、辣辣菜、面条、胖官、巧合蛋什么的,当然了,有的图书上不载,只是我们当地人的叫法。或者图书上也记载了,叫法却不同。比如辣辣菜,一些图书上就写作勺勺菜。这些野菜,也是伴随着春风,陆续登场的。麦瓶儿几乎是和荠菜同时出现在麦田中的,它的叶子也似柳叶,不过更窄,也无锯齿,叶由根部丛生而出,整个形体就如微缩的剑麻。这种野菜好挑好洗,下面锅,做酸菜

① 此处引用陆游的诗《食荠》,描写了春季人们采食荠菜的情景,增强了文章的艺术特色。

❶ 描写了春季里另一种常见的野菜——麦瓶儿草，对其花的外形、花瓣儿的形状、颜色以及开花的数量做了详细的描述，使读者对麦瓶儿草有了更深的了解。

❷ 描写了两种水芹菜的生长环境、颜色以及口感，水芹菜也是春天里野菜的重要角色。

均宜，味道醇厚，吃起来很香。麦瓶儿几乎是和麦子一块儿生长的，麦子长多高，它也长多高。①麦瓶儿长着长着就开花了，那花儿很好看，是一个底部大颈部细的花瓶儿，花则从瓶颈部吐出，单瓣梅花状，一瓣一瓣的，作粉红色，鲜艳至极。一株麦瓶儿上，往往有三四个花瓶，多者还有五六个的。试想，在碧波荡漾的麦浪中，摇曳着一株株麦瓶花，那情景有多好看。麦瓶儿花谢后会逐渐变黄，那些瓶儿中也会蓄满籽儿，这些籽儿待到麦熟时节，又会随风撒落田间，到来年春风起时，再生长出无数的麦瓶儿菜。读江南一些士人的笔记，常见有看麦娘的记述，我总弄不清它是一种什么样的野菜，无端地总觉得，它就是家乡田间的麦瓶儿。胖官的形状和麦瓶儿相类，不过叶片比较肥厚，味道很苦。这种野菜我们一般是不挑挖的。实在不得已挑挖回家，也仅仅是做腌制酸菜而用。胖官花色比麦瓶儿淡，花瓶则很有意思，瓶身上有竖的细细的棱纹，不似麦瓶儿是光滑的。②水芹菜生长在多水的地方，生长在水中的，通体翠绿；生长在水滨的，茎叶则为紫红色。吃起来，生长在水中的好像更肥嫩一些。枸杞生长在田坎河畔，采摘时只能掐去枝头的嫩尖。枸杞芽焯熟凉拌，吃起来有一点淡淡的苦味，清热败火，也很不赖。这些菜都是季节性很强的菜，一过季节就老了，就无法食之了。"春到溪头荠菜花"，诗意很美，但这时的荠菜已不能吃了，勉强食之，不但苦涩，而且显老。如若不是饥荒年代，恐怕是没人愿意吃的。

延伸思考

1. 文章主要讲了哪几种野菜?

_____

_____

2. 作者怎样描写人们挖荠菜的情景?

_____

_____

3. 荠菜可以做成哪些美食?

_____

_____

里花水的花事

名师导读 ▶

　　作者描写了里花水地区的各种花，并从春、夏秋、冬三个时间段介绍了各种花开的情况，可以看出作者对这里各种植物花开的情况特别熟悉，也让我们跟着作者的笔了解一下吧！

　　里花水在西安西南方，距市中心十五六公里，南三环、西三环在此交会，原来应是一个村庄吧？但如今已没有了村庄的影子，不唯高楼矗立，道路笔直，就连车辆、行人也渐渐地多了起来。在西安工作生活了三十多年，我从未听说过里花水这个名字，也不知道偌大的西安地区，有这么个地方。我第一次听说里花水，当在前年吧。这年的五月初，单位搬迁到此，我才得知有这么个地方，并在其后的日子里，逐渐地熟稔[1]起来。①里花水这个奇怪的名字究竟是怎么来的？

❶ 此处一连用了三个疑问句，点出了作者心中的疑问，设置悬念，激发了读者的兴趣。

[1] 熟稔：这里是指作者对里花水变得熟悉了。

它的含义是什么？有什么传说和故事？我先后问过好多人，都说不清楚。我也就只好稀里糊涂地在此工作着。好在这里比较僻远，还未完全跟上城市化进程的脚步，人少，街宽，路边的绿化又好，上下班无事，行走在这样的道路上，吹着不同季节的风，看着植物的变化，连心也觉得宁静了许多。尤其可喜者，这里的植物，你方开罢我登场，好像一年四季，都在开着花，花事繁盛，让人感觉是生活在花海里。

①里花水的植物很多，人工的，野生的，少说也在二三十种。这些植物，有的开花，有的不开花。单说开花的植物。

❶ 这是一个总括句，概述了里花水的植物种类繁多，引出了下文。

大多数植物，应该都在春天里开花，而最早开放的，应是迎春吧。里花水地区迎春不多，零星的迎春多分布在一些单位的院落里；南三环的绿化带中，似乎也有一点，但就是这些有限的迎春，花开时节，金黄灿烂，还是让人的眼睛一亮。迎春在二月开放，花季很短，还没有咋看，就谢了。到了三月份，就热闹了，各种花儿次第绽放，争奇斗艳。玉兰算是较早踏着春风的足迹绽开的，白色的玉兰花，如一只只洁白的鸽子，扇动着翅膀，"扑棱棱——"在蓝天下翱翔。它刚刚飞翔累了，要歇息一下了，广玉兰就上场了。广玉兰的花有些近似于粉红色的郁金香，在春风里招摇起来，样子也很迷人。和玉兰同时节开花的还有红叶李，红叶李花极碎，粉粉的，没什么看头，不过一排树同时开，花便有些像海洋，那阵势也很壮观。②接着有金黄的连翘，有白色的梨花，有胭脂色的桃花，暗红

❷ 此处作者巧用排比的修辞手法，生动描写了花的种类、颜色多种多样。增强了文章的生动性。

81

色的碧桃花，它们也在此时开放。

好像是一夜间的事儿，紫荆还带着去岁的刀形果实，就大剌剌地怒放了。紫红的花朵，挨挨挤挤的，开满了铁色的无叶的枝丫，把周围的天空都照亮了。丁香和刺玫，也是在这一时段开放的。① 丁香花大放时宛然一梦，白的、紫的、碎碎的、一团一团的，浮在鲜嫩的绿叶间，香气浓郁得能让人背过气去。不过，若在月明之夕，隔着一段距离，又恰好有微风吹过，丁香的浓香得以稀释，呼吸一下，那种香味，还是很醉人的。我总觉得丁香花香得有些过分。我不知道戴望舒当年写《雨巷》时，何以会写出"撑着油纸伞，独自 / 彷徨在悠长、悠长 / 又寂寥的雨巷 / 我希望逢着 / 一个丁香一样的 / 结着愁怨的姑娘"，难道他不嫌丁香花有些浓腻？也许江南多雨，早已把丁香的香气过滤掉了一些吧？刺玫花鲜艳无比，它们都是一朵一朵的，如酒盅般大小，虽也伴着绿叶开，但刺玫花好像是一个个羞涩的姑娘，多藏在绿叶下，半遮半掩，欲言又止的样子，实在令人爱怜。三月底四月初，最值得一记的是樱花。里花水的樱花树很多，锦业路上，锦业一路、二路上，多植有樱花树，花发时节，粉红色的樱花灿烂如霞，行走其下，抬眼一望，美艳得叫人喘不过气。人言西安城里赏樱要去青龙寺，或去交大校园，我则以为那里人比樱花多，在里花水赏樱，其实也不赖呢。

② 春天里，里花水的地面上，野花也很多，碎米粒状的白色的荠菜花；金黄色的，如一个微缩葵花的

---

① 描写了丁香花盛开的情景，"宛然一梦"是比喻的说法，"香气浓郁得能让人背过气去"是一种夸张的说法，体现了丁香花香气之浓。

② 这里巧用比喻，描写了春天里花水地区的野花多种多样，令"我"着迷。

蒲公英花；蓝色的如宝石般的巧合蛋花……还有许多不知名的野花，都让我迷醉。它们让我想起远方的故乡，想起春天原野上的风，想起蔚蓝色天宇下的风筝，以及许多的人和事。"春到溪头荠菜花"，故乡的田野上，这个季节，也该开满荠菜花了吧？孩童们的柳笛也该吹响了吧？

夏秋时节的里花水，花事虽不似春日里繁盛，但也没有完全沉寂下来。这里的路边，多月季，多木槿，多紫薇，多韭叶兰，多牵牛花，偶尔，还能见到合欢的影子。花是开开谢谢的，但一直不断；色彩也繁富，红的，粉的，蓝的，紫的，让人目光总不闲着。这里面，还要数紫薇开花时间最长，也最好看。紫薇又叫不耐痒树，据《曲洧旧闻》载："其花夏开，秋犹不落，世呼百日红。"[1] 此言不虚，我去岁十月底，就曾在锦业路上看到，有紫薇花俏于枝头，尽管已是凉风飕飕，但花红仍一如火焰。

到了冬天，里花水唯一可赏者，便只有梅花了。这里的梅花属于蜡梅，不多，我仅见过四五树。[2] 在冷凝的空气里，蜡梅无声地开着，黄色的花瓣，紫色的蕊，幽幽的香气，让人的心里觉得暖暖的。梅花是高洁的，历朝历代诗人多有赞咏者，但也有人揶揄的。记不清是在哪一本书里，曾读过一首写梅花的诗："红帽哼兮绿帽呵，风流太守看梅花。梅花忽地开言道，小的梅花接老爷。"梅花一下子变得那么的势利，那么的下贱，让人忍俊不禁，简直是和梅花开了一个玩笑。

❶ 深秋时节，紫薇花仍在绽放，印证了"世呼百日红"的说法。

❷ 描写了冬季时节，里花水地区蜡梅迎着严寒傲然开放，体现了梅花高贵的品质。

延伸思考

1. 请简单介绍一下里花水。

_____

_____

2. 文中的"熟稔"是什么意思？

_____

_____

3. 文中在描写丁香花的时候采用了什么修辞手法？

_____

_____

灰灰菜

名师导读

　　灰灰菜是人们所熟识的野菜之一，作者的这篇散文，对灰灰菜进行了更深入的介绍，并对灰灰菜的秆能做拐杖进行了详细的叙述，对藜秆能做藜杖的说法进行了证明。

　　春天一过，接着就是夏天了。这个季节，田野里、沟渠边，又会生长出一种野菜——灰灰菜，为乡人所爱，亦为城里人所爱。灰灰菜为一年生植物，其叶黄绿色，间有紫红色者，呈菱形，边缘为锯齿状。枝干初为绿色，老则变为紫红色，甚好看。灰灰菜在我国分布很广，除海南、两广外，绝大多数省份，都可见到它的身影。

　　灰灰菜多生长在低洼、荒僻之地，初生时，嫩叶可食。乡人采其嫩叶，洗涤干净，或焯或炒，皆为下饭妙物。小时候，我没少吃过这种菜。① 记忆里，每年夏季，我和弟妹们把灰灰菜采回家后，母亲总是将其择洗干净，焯熟后凉拌了吃。而吃法呢，也多是卷

① 此处叙述了作者小时候采摘灰灰菜，母亲为其加工成美食的事情，可以看出灰灰菜在人们生活中的地位。

煎饼。我很少见母亲将灰灰菜清炒了吃。灰灰菜也不是不能清炒，但清炒了吃，似乎有一点淡淡的土腥味，没有焯熟后凉拌了吃清爽。野菜很怪，很多野菜似乎都有这个特点。①譬如马苋菜，焯熟后调上油泼辣椒，调上葱姜蒜醋盐，再滴上香油，凉拌了吃，吃起来微酸，滑溜可口，有一种说不出的清香，但炒食之则无。任旱菜也一样。和马苋菜不同的是，任旱菜凉拌了吃，吃起来有些粗涩的感觉。

❶ 此处作者举例子来说明野菜的特点：凉拌清香可口，炒食则口感较差。

灰灰菜品种很多，其中有一种叶心紫红者，古人称之为藜。在古代的文献典籍中，藜藿往往连用，多指粗粝的食物。起初，我不知道藜是一种什么样的野菜，后来一查字典，明白了，原来就是我们常吃的灰灰菜呀！古人硬是给它起了一个很诗意的名字。藜长着长着就长老了，它浑身紫红，结出了紫黑色的籽实，其籽实可食，茎可为杖。籽实是否可吃我不知道，反正我是从未吃过的。②至于秆可做拐杖，古书记载就夥了，如清人袁枚就曾写过《藜杖铭》，其文曰："藜瘦如竹，竹坚如玉，老人得之添一足。"此足可以为证。然而，我还是满心疑惑，藜之茎那么细，看起来又那么脆，它真的能做拐杖吗？直到有一年的秋天，我去了桐花沟，才消除了这一疑问。

❷ 这里引用清人袁枚所作《藜杖铭》对藜茎的描写，证明了藜茎可以做拐杖的功用。

是前年的秋天吧，我和单位同事去桐花沟扶贫。桐花沟在陕西蓝田县秦岭的北麓，属浅山地带。此沟因过去多桐树，每年初夏花开时节，满沟满岭皆为紫白色泡桐花而得名。但我们去时，沟岭上已少见桐树，取而代之的是柿树和野芦苇。进入桐花沟，放眼望去，沟岭上都是一疙瘩一疙瘩的柿树林，枝头挂满了通红的柿子，秋阳下，煞为好看。而沟坡边，野芦苇也是一片一片的，秋风一吹，在阳光下泛出银白色的光，让人目光迷乱。村主任把我们一行安排在一户陈姓人家住下。这家的男主人是一位山村教师，在沿山一带，教了一辈子书，如今，退休了，才回到故乡来安度晚年。陈老师是个讲究人，两层楼房内外收拾得干干净净，让人看了觉得舒心。
① 我们安然住下后，走村串户，帮村民收秋，摊场，收场，掰苞谷，割豆子，和房东同吃同住同劳动，相处得很融洽。中午，休息时间，我们还到村庄周围走走，一来瞧瞧风景，二来可以散散心。我就是在散步的时候，在房东隔壁人家的后园中，发现那棵灰灰菜的。天哪，它竟然长到三米多高，枝干粗如擀面杖，通体紫红，连籽实和不多的叶片，也呈紫红色，望上去犹如一团燃烧的火。这是灰灰菜吗？咋长得那么高那么大？这样的藜足可以做拐杖的。看来，古人不我欺也。我不觉为自己先前的怀疑而赧然 [1]。

② 灰灰菜还可做羹汤，昔人想必是常吃这种食物。要不，古书中怎会有"藜藿之羹，昔贤所甘"的记载。我虽非贤者，但我也很喜欢喝藜羹，吃灰灰菜。

❶ 此处引用了作者与同事一起去桐花沟扶贫，帮助村民秋收的情景，为下文做好了铺垫。

❷ 文章结尾采用对比的手法，描写了作者与古人一样也喜欢灰灰菜做的羹汤，也喜欢吃灰灰菜，体现了作者对灰灰菜的喜爱之情，也体现了灰灰菜在人们生活中的重要性。

---

[1] 赧然：在这里是指作者因为先前怀疑古人的说法而感到不好意思。

延伸思考

1. 请简单叙述灰灰菜的外形。

_____

_____

2. 作者怎样证明了古人说藜茎能做拐杖的说法？

_____

_____

秋荠

　　荠菜是人们餐桌比较常见的一种野菜。作者在这篇文章中对荠菜做了详细的介绍，尤其是秋荠，他认为比春天的荠菜更加鲜美，让我们跟随高先生的视角去领略一下荠菜的美味吧！

---

　　① 平生食荠菜多矣，如以所食荠菜之鲜美而论，当以少时在长安乡下所食为最。而所食荠菜，又以秋荠最美，春荠则次之。

　　春三月，麦苗返青，大地一片绿意。此时，蛰伏了一个冬天的荠菜种子，便悄然萌芽，并迅速钻出地面，嫩绿的羽状的叶子，在春风里招摇。几场透雨过后，荠菜已变得肥大，它们隐匿在麦苗下，或者荒滩的青草边，叶片上滚动着露珠，似在相互嘀咕着："来，挖我们吧！"循着春风的踪迹，孩子们奔出了村庄，奔向了旷野，鸟儿一样散落在田间地头，去挖荠菜。不唯孩子们，村庄

① 文章开篇采用对比的手法，点出了年少时在长安乡下所食用的荠菜最鲜，以秋荠最美，引出了下文。

里的妇女们，也会三三两两地出动，去麦田里，去荒滩、空地里，挑挖荠菜。在二十世纪六七十年代，荠菜不但是一道野菜，也是庄户人家里的救荒粮。因为，在那个年代里，庄户人家的口粮，鲜有够吃的。① 这些被挖回来的荠菜，经剁碎，下进稀饭锅里，再放进一些青豆、红白萝卜条、盐巴，便成了很好吃的水饭。水饭稀稠刚好，既好看，又好吃，还耐饿，是庄稼人一年中难得的美味。春天里，每当荠菜下来时，一般的庄户人家，总要做上那么三五顿荠菜水饭的。这种荠菜水饭近乎于今天的蔬菜粥，但好像又和蔬菜粥不同，只有长安乡下有，别的地方，我还没有见过。小时候，每逢母亲做荠菜水饭，我都能呼噜呼噜吃上两大碗。至今忆之，还觉得口有余香。② 将荠菜剁碎，调上调料，和玉米面掺和在一起，烙成玉米面饼，饼焦黄，趁热吃下，有鲜荠菜的清香，亦有玉米面的清香，咸淡相宜，也是很好吃的。还可以将荠菜和面，做成菜团子，蘸调好的蒜汁辣子汁吃，也别有一番风味。用荠菜包饺子吃，我们那一带不流行。也许是在半饥荒年月，麦面金贵的原因吧。这些都是春荠的吃法。荠菜也是一种季节性的蔬菜，一到暮春，荠菜便抽薹，开出碎碎的米粒状的小白花。这时，荠菜已经老了，已经不堪供庖厨。麦苗起身了，也没人再打荠菜的主意。荠菜疯长，开花，结籽，完成它生命中的轮回。

秋荠生在八九月间，多在谷子地里，玉米地里，或人家的菜园里。荒滩里则很少见。我至今也未弄明白，它们是春荠的种子遗落在田间地头，而后生长出来的呢？还是隔年的种子，深埋在地下，待到秋天，

❶ 描写了人们将挖回荠菜做荠菜水饭的过程，在那个特殊的时代，荠菜扮演着重要"救荒粮"的角色，人们凭借着自己的聪明才智，丰富了饮食。

❷ 描写了人们用荠菜可以做很多种美食，荠菜作为食材用途广泛，可以看出荠菜在人们生活中的重要地位，以及人们对它的喜爱。

才生长出来的呢？①反正秋季里是有荠菜的，但似乎不及春季里多。和春荠相比，秋荠更肥硕、鲜嫩。也许是秋季雨水充足，阳光温润，气候更适于荠菜生长吧？秋日的午后，在田间劳作，或者在田间小路上行走，不经意间向谷地、玉米地里一瞥，你便会看到有嫩闪闪的荠菜，悄然地生长在谷棵、玉米棵间，秋阳下，叶片泛出一种柔和的光。若仔细观察，荠菜下，还常常趴伏着一只两只蟋蟀，在那里悦耳地叫。便禁不住地走过去，将其端详一会儿，连根拔起。荠菜根系发达，根往往扎得很深，但秋天里土地松软，很容易便能把荠菜拔起。秋荠的吃法和春荠差不多。②但因为刚经过了夏季，新麦下场了，做荠菜面，则别有风味。若给荠菜面里下点小米，做成荠菜米面，吃起来则更佳。少年时代，我最爱吃母亲做的荠菜面，尤其是当秋荠下来，我常常要缠着母亲做好多次。给荠菜面里放些青辣椒，我常常胃口大开，一连能吃好多碗，吃出一头的汗。可惜，自从二十多年前离开家乡后，我再也没有吃过母亲做的荠菜面。而母亲现在年事已高，即有机会回到乡下，也不忍心再让她老人家动手给我做荠菜面吃了。看来，要吃荠菜面，唯有在梦中了。

秋日夜雨，寂坐无事，灯下闲翻《野菜谱》，知饥荒年月，荠菜惠人多矣。③荠菜除可食外，还可止血。小时候，春秋时日，于田间打猪草，不小心被镰刀割破了手指，血流不止。不要紧，急忙在地里找寻荠菜，找到了，无论老嫩，取其茎叶，在口中嚼碎，敷于伤口上，血很快便会被止住。至今忆及，尚觉神奇。

❶ 这里采用对比的手法，描写了秋荠与春荠的不同，强调了秋荠的肥硕、鲜美。

❷ 这里介绍了秋荠的吃法：做荠菜面，可以看出作者对秋荠的喜爱。

❸ 描写了荠菜除了食用，还有药用，可以看出荠菜在人们的生活中扮演着重要的角色。

延伸思考

1. 春荠与秋荠相比有哪些不同?

_____

_____

2. 在描写春天的荠菜的时候,采用什么修辞方法描写了荠菜的鲜美、繁多?

_____

_____

3. 文章中在描写玉米地里的秋荠的时候描写了两只蟋蟀,采用什么描写方法? 有什么作用?

_____

_____

丝 瓜

名师导读 ▶

丝瓜作为一种时蔬家喻户晓，可是作者竟然不知道丝瓜还能食用，在同学家意外食用之后，它竟成了作者最爱的一道菜。作者对丝瓜的成长、功用在文章中都有精彩的描述，让我们去品鉴一番吧！

在饭店吃饭，我总喜欢拣一道清炒丝瓜。试想，山珍海味地吃了半天，忽然间餐桌上有了一盘清炒丝瓜，碧绿鲜亮，清香四溢，那情景管保会让人胃口大开，多叨上几筷子。若在三十年前，这种情景，是绝不会出现的。甭说那时我无钱上饭店，就是有钱上，我肯定也不会拣这道菜，原因嘛，我不懂食丝瓜。我的故乡在长安樊川，南行三四里地，就是著名的终南山。① 这座山自打《诗经》产生时，就已经很有名了，"终南何有，有条有梅"。指的就是此山。至于以后，这座山简直被历代的文人墨客歌咏滥了，若编纂成集，皇

① 这里巧妙引用《诗经》里的名句，指出了终南山是非常有名的，也体现了终南山的历史悠久，增强了文章的艺术特色。

93

皇几大本肯定是有的。但就是这么一个地方，这里的人们却是不食丝瓜的。在我的印象里，乡人种了丝瓜，主要是为了观赏和秋后那些丝瓜络。

❶ 此处描写了人们挑选墙边或菜园里种植丝瓜，不需要费什么人工，丝瓜就长势很好，体现了丝瓜的生命力非常旺盛。

① 记忆里，家乡人种丝瓜多种在墙边或者菜园里。春天，墙根篱落间，或者菜园里，刚好有那么一块儿空地，又恰好有那么一些丝瓜种子，便趁着下雨天种了，不久，丝瓜便破土而出，发了芽儿，扯了蔓儿，沿了篱落，爬呀爬的，爬到了墙头，爬到了瓜架顶。丝瓜叶也变得肥大起来，碧绿碧绿的，像孩子伸出的手掌，随了风，在墙头、瓜架上招摇。夏天来了，丝瓜开花了，黄色的花，一簇一簇的，如闪亮的火焰，开在碧叶间，把人的眼睛都照亮了。蜜蜂来了，蝴蝶来了，金龟子来了，还有葫芦蜂，也来了。这里面顶有趣的就数葫芦蜂了。葫芦蜂身体有成人拇指蛋那么大，通体黑色，飞动起来笨笨的，它一落到丝瓜花叶上，花叶就会剧烈地颤动，我老疑心它会从花叶上掉下来。但事实上，它一次也没有滑落下来，这让我白担了半天心。丝瓜坐瓜了，起初仅一寸许的小柱儿，慢慢地，瓜儿变细了变长了，瓜身上有了黑色的条纹，顶上还结着黄色的小花。

❷ 描写了盛夏时节，丝瓜长势旺盛，丝瓜长得很粗很长，可以看出盛夏时节很适宜丝瓜的生长。

② 蝉声起了，蝉声愈来愈急，丝瓜在盛夏里疯长，腰身逐渐变粗变长，有的粗若小儿臂，长达一二尺。自然这时顶端的花已枯萎了，谢了。秋风起了，丝瓜由绿变黄，最后在秋风中干透。摘下丝瓜，用剪刀拦腰剪断，用手捏捏，抖搂净丝瓜里的籽儿瓤儿，就成了一个个丝瓜络，用之涤碗涤锅，再好不过。

吃丝瓜，应在盛夏或初秋时节，这时，丝瓜尚嫩，挑拣一拃多长的，摘下，用带棱的竹筷，或者碎瓷片，轻轻刮去丝瓜外面的嫩衣，然后上锅清炒，或者加调料、蒜茸、粉丝清蒸，皆好吃。做汤亦妙。不过，丝瓜的老嫩需掌握好，太嫩，没有吃头；稍稍变老，不但口感不好，也没有了那个鲜劲。① 我在家乡生活的那些年月里，曾在我中学的一位同学家里，吃过一次清炒丝瓜，那简直是美妙极了，时隔多年，我至今难忘。那是一年的夏末，我们那里过忙罢会，眼看明天就要过会待客了，我同学家的菜蔬还没有准备好。那天下午，我刚好在他家，我说："现在上集已经来不及了，你明天待客的菜咋办呢？"他说："没啥大不了的，做一盘炒丝瓜，不就得了。"② 我听了，当时就瞪大了眼睛。我说："丝瓜还能吃呀？"他说："能呀！不信的话，我晚上给你做一盘尝尝。"当晚，他果然去家中后园摘下几条嫩丝瓜，收拾了一下，做出一道清炒丝瓜，我尝了一下，糯而软，鲜而香，好吃，我一个人就吃了一大盘。自此，我才知道，丝瓜还可作菜蔬吃。③ 我大量吃丝瓜是在进城以后，假日随妻子到市场上买菜，才发现好多菜摊上都有丝瓜售卖，我大吃一惊，敢情城里人都爱吃丝瓜呀！菜摊上的丝瓜成色虽不及乡下的好，但也还过得去，我就怂恿妻子买回家做了吃。这一吃，就成了家中的日常菜，隔三岔五的，我家的餐桌上，总能见到丝瓜的影子。自然下饭馆时，我也常拣这道菜。时间久了，家里人和朋友都知道我喜好吃丝瓜。不过，丝瓜似乎不宜和肉同炒，和肉同炒，就少了那份清淡的味儿。

❶ 此处插叙了自己去同学家里吃炒丝瓜的事情，描写了那次炒丝瓜的美味，令作者终生难忘，体现了丝瓜是人们喜爱的一种时蔬。

❷ 这是一处神态描写，一句话将作者的诧异神态刻画得淋漓尽致。

❸ 此处又描写了作者的惊奇，与前文呼应，描写了城里人也喜爱吃丝瓜，可以看出丝瓜是人们餐桌上常见的蔬菜。

丝瓜除了可食外，还有别的用途，譬如药用。李时珍在《本草纲目》中，就曾记录下了二十多种验方，诸如将老丝瓜烧成灰，可治风热腮肿、手足冻疮、血崩不止等。这都是古人的经验，现在，医学发达了，就连乡间，恐怕也很少有人再用这种药方了。丝瓜还可涤釜器，以之洗碗洗锅，既环保还好用。读《老学庵笔记》，见其中记载曰："丝瓜涤砚磨洗，余渍皆尽，而不损砚。"① 古人风雅，除了吃丝瓜外，还想到了用丝瓜络清洗砚台。今人就无此风致，我见过写字画画的人多矣，从未见过，也从未听说过，有谁用丝瓜络涤洗过砚台。从这一点来看，还真有点今不如昔的感觉。

杜北山《咏丝瓜》："寂寥篱户入泉声，不见山容亦自清。数日雨晴秋草长，丝瓜沿上瓦墙生。"夏日或清秋之夜，和二三好友，闲坐乡间小院丝瓜下，一壶酒，一杯茶，山肴野蔌，杂然前陈，浅酌细品，随意闲话。当此时也，朗月在天，清风徐来，虫声四起，香气满怀，足可抵十年尘梦。

❶ 采用古今对比的手法，描写了古人的风雅，采用丝瓜络清洗砚台，而现在却无人使用丝瓜络清洗砚台，体现了古人对丝瓜络的青睐。

延伸思考

1. 文章对终南山的描写采用什么方法，有什么作用？

2. 吃丝瓜的最佳时节是什么时候?

_____

_____

3. 丝瓜除了可以食用外还有哪些功用?

_____

_____

木　槿

名师导读 ▶

　　作者对不常见的木槿花做了介绍与描述，并详细介绍了自己与祖父一起去忙罢会走亲戚家时看到的木槿花，自此对木槿花记忆深刻，文章在最后还抒发了对木槿花的怀念与喜爱之情。

❶ 文章开篇介绍了作者的家乡木槿很稀少，在人家的院落里、寺庙里偶尔会看到，可以看出木槿在这里种植量很少。

　　① 木槿过去在我们家乡不多见，近年忽然多了起来。记忆里，似乎只在人家的院落，或者寺庙里，偶能见到它的影子。但大多也是伶仃的一株，寂寞地生长在那里，平日少人问津。只有到了花开时节，粉红色的花儿次第开放，树边才多了人的踪迹。尤其是蜜蜂，嘤嘤嗡嗡的，好像一个夏天，都在木槿树身边忙活。

　　小时候，我并不认识木槿，也不知道世间还有这样一种美丽的花儿。我们那一带盛行过会，有人说是庙会，有人说是忙罢会，都讲得通。长安乡间，过去村村有庙。有些大点的村庄，村里还不止一座庙。譬如我所出生的稻地江村，昔年就有两座庙，坐落在村南学校边上的是关帝庙，坐落在村北的是黑爷庙。①黑爷据说是终南山里的一条乌龙，是我们村庄的守护神，村人在终南山的嘉五台上，给它建有庙宇。这两座庙二十世纪六七十年代还存在，后来给拆掉了。连嘉五台上的黑爷庙也给拆掉了。那些拆下来的木材、砖瓦，统统给生产队盖了马房。嘉五台上的黑爷庙因为位于山脊上，风大，修建时，房瓦全是铁铸的。拆毁时，也把铁瓦用褡裢装了，两页两页搭在羊背上，用羊驮下山，再用架子车运到村里，然后卖给了公社的废品收购站。因有庙，故此才有过庙会之说。不过，以我之见，过忙罢会还是来得更加亲切自然一些。②农人们辛苦了一个春夏，麦子收割了，稻秧插进田里，玉米、豆谷种进了地里，此时进入了一年中的第一个农闲时节，亲戚朋友之间便要互相走动一下，联络一下感情，问问彼此的收成，这样便有了忙罢会。一年夏天，祖父外甥寅生伯家所在的村庄上红庙村过会，我随祖父走亲戚，在寅生伯家的院子里，才第一次见到了木槿。

上红庙村是一个绿树村边合的小自然村，全村仅有百多户人。村东是小峪河，村西是太乙河，村庄及其周围，树木极多，且都是高大的树木。春天，远远望去，整个村庄像笼罩在一片绿雾里。树多鸟便多，斑鸠、麻雀、喜鹊、野鸽子、白鹤都有，还有一些叫不出名字的鸟儿。白天，只要一走进村庄，便会听到一片悦耳的鸟鸣声。寅生伯家在村庄的最北面，房屋

❶ 这里巧妙地引用传说，介绍了黑爷庙的来历，为文章增添了一抹神秘的色彩。

❷ 作者介绍了忙罢会的来历，为下文与祖父一起去忙罢会走亲戚，见到木槿做好了铺垫。

❶ 这里采用比喻的修辞手法，把木槿树的花比喻成茶杯，生动形象地描写了木槿花的个头很大。

❷ "瞪大了眼睛"是典型的神态描写，可以看出作者对于学选的话非常吃惊，这木槿花怎么能吃呢？

坐西面东，房前是一个很大的院子，房后是一片高大茂密的树林。① 那三株木槿花就枝叶葳蕤地长在他家的院子里，花大若茶杯，粉红色，成百上千朵的，热烈地开着。一进院子，我便被吸引住了，不由自主地舍了祖父，围着木槿转。花丛中有很多蜜蜂，嗡嗡嗡，有的在慢慢地飞，有的浮在花上，有的钻进花蕊，工夫不大，又钻出来；还有一两只葫芦蜂，也在花叶间东一头西一头地乱撞。我都有些看呆了。

"嘿！"我正发呆，有人从后面拍了一下我的肩膀，一回头，是寅生伯的小儿子学选，我认识他，他曾和寅生伯去过我家。一见他，我很高兴。我问他这是啥花，他告诉我是木槿花。"木槿花能吃的！"学选说。② 我立刻瞪大了眼睛。见状，学选随手摘下一朵花，去掉花蒂，一把塞进了口中。又摘下一朵，递给我。我吃了，有一丝淡淡的甜味。长这么大，除了吃过槐花外，我还未曾吃过别的什么花，这是我平生吃过的第二种花。学选很顽皮，他看见一只蜜蜂钻进了花蕊，遂迅速用手把花捏拢，摘下，便听到蜜蜂在花蕊中嗡嗡地鸣叫。我也效仿他的样子去做，不想，把花没有聚拢住，结果让慌张外逃的蜜蜂螫了手，麻麻的，很痛。

木槿又名障篱花、朝开暮落花，现在，都市里，村庄中多有栽种，有的地方干脆就用它做了行道树。寅生伯家院落中那三株木槿还在吧？如果在，树身想已有小碗口粗了吧。寅生伯已谢世多年，学选我已有二十多年没有见面，不知他已变成了什么样子。其实，人的一生就好像木槿花，有时，虽处于同一棵树上，但开隙各有其时，所谓聚少离多是也。更何况还不在同一棵树上呢。"人生无百岁，百岁复如何？古来英雄士，各已归山河。"明人刘基的诗虽为悲愤之作，但大抵也是实话。

我的乡间好友毌东汉先生家院中有一株木槿，是白木槿，开出的花朵是黄白色的。东汉今年已六十七岁，他一生在乡间执教，写有大量的寓言和儿童文学作品。其为人热情，清贫自守，令我钦佩。① 一年夏天，我去拜访他，推开他家的门，见他独自一人站在院中，面对木槿沉吟，不久即有他写的有关木槿花的散文诗见诸报端，可见，他也是一个爱木槿花的人。听他说，木槿花可以摘下煲粥，想那滋味一定不会错。可惜，我至今还未曾尝过。

❶ 这是一个细节描写，东汉先生通过对自己门前木槿的观察，写下了有关木槿花的散文诗，可以看出木槿花人见人爱。

延伸思考

1. 作者第一次见到木槿花是什么时候？

_____

_____

2. 请简单介绍一下忙罢会。

_____

_____

3. 作者把木槿花比喻成什么？有什么作用？

_____

_____

石　榴

名师导读

　　石榴是人人喜爱的水果之一，石榴树在关中农村家家都有种植，非常普遍。作者的家中也有石榴树，但却不大结果，童年时期的作者与同伴一起偷摘邻居家的石榴食来解馋，可以看出孩子们对石榴的喜爱之情。

❶ 文章开篇介绍了关中农村的人们普遍种植石榴，体现了人们对石榴的喜爱，引出了下文。

　　① 石榴在关中农村多见之，过去的大户人家，花园里，后院里，多有种者。就是柴门小户，在庭院里也有栽种的。夏日，开一树红花，秋日，结一树浑圆的果实，煞是好看。我想，人家种此，主要是为观赏，其次，才是为品尝吧。

　　我家祖屋的院中就有一棵石榴树，在我的记忆里，足有两米多高吧。不过，这棵石榴树好像不怎么长似的，我幼小时是这么高，我长大后外出求学，直到参加工作，其间也有十多年吧，似乎还是这么高。花倒是开的，而且开得很繁密，就是坐果少，不大结石榴。

① 每年开花时节，那花儿起初是一个个通红的小宝瓶，不久，瓶口就裂开了，吐出一束束火焰，绿色的石榴树仿佛被点燃了，连整个院落都亮堂了许多。每每此时，祖母总爱搬了小凳子，坐在石榴树下做针线。她戴上老花镜，边用针缝衣服，边在头发上一下一下抿针的情景，至今储存于我的脑中。多年来，每每见到石榴树，我就会想起祖母慈祥的面容。可惜的是，祖母离开我已有三十多年了，如今，随着农村城市化进程的加快，连坟头都被平去了。我无法再到坟地去凭吊祖母，每年清明节，只能在心中寄托思念了。

② 我家院中的石榴树不大结果，但邻居张大妈家的石榴树可是果实累累。我家院墙的北隔壁是张大妈家，她家院中有两棵石榴树，临墙而生，长得枝繁叶茂，而且很高大。院墙有一丈多高，这两棵石榴树，都冒出了院墙很多。张大妈寡居，有一个独生儿子名叫军平，军平比我大七八岁，平时不大和我们在一起玩。张大妈和我们不同队，我们是七队，她是八队。两家人也不在一条巷子住，但关系很好，见了面，总是客客气气的。张大妈，村人叫她张代表，因其在土改时，当过贫协代表，故村人都这么叫。久之，连她的大名也无人再叫。我至今都不知道张大妈叫什么名字。③张大妈家的石榴树开花了，结果了，我急切地盼望着，盼着石榴快一点成熟。终于，秋风起了，石榴成熟了。我和同队的小伙伴们，趁着两家都无大人，偷偷爬上墙头，摘取几颗石榴，一饱我们的馋嘴。这样的事儿做了多年，直到我长大成人，有一年和母亲灯下闲聊，

❶ 此处采用比喻的修辞手法，把石榴花蕾比喻成一个个通红的小宝瓶，把绽开的石榴花比喻成一束束火焰，生动形象地描写了石榴花的可爱、艳丽。

❷ 采用对比的手法，写邻居张大妈家的石榴树果实累累，激发了读者的兴趣，引出了下文。

❸ 此处为心理描写，描写孩子对张大妈家的石榴充满了期望，希望石榴快点成熟，体现了孩子们对美味石榴的渴望。

谈及幼年时的荒唐事。母亲笑着说："张大妈心疼你们，知道石榴是你们这帮崽娃子摘的！"

汪曾祺先生以为，食石榴是得不偿劳，吃了满把的石榴籽，结果吐出来的都是渣。其实，吃石榴吃的就是个味儿，酸的，甜的，哪里能像吃饭一样，往饱里吃呀！① 秋天，买上几个石榴，剥开皮儿，闻着石榴皮上散发出的苦涩的味儿，看着满握晶莹剔透，形如红宝石似的石榴籽，然后慢慢享用，你会觉得，连日子都有了些味道。

❶ 文章最后写作者对吃石榴的态度，石榴的皮虽有苦涩的味，但宝石般的石榴籽却晶莹剔透，酸甜美味，日子也会因此回味无穷，体现了作者对石榴的喜爱与独特感受。

延伸思考

1. 作者在描写石榴花蕾和花朵的时候采用了什么修辞手法？有什么作用？

_____

_____

2. 作者睹物思人，看到石榴树想到了谁？

_____

_____

3. 作者引用了汪曾祺先生对吃石榴的看法，他同意汪曾祺先生的看法吗？

_____

_____

说　梅

名师导读 ▶

　　梅是花中四君子之一，古往今来文人墨客对梅花的赞颂都没有停止过。而作者却对梅花没有什么特别的喜欢，但遇到了，便会驻足看看。他对梅花的喜爱，也是因故去的老师爱梅而爱屋及乌吧！他对西安的梅花特别熟悉，一一做了介绍，让我们去看看西安的梅花吧！

　　我对梅花并没有特别的喜欢，但遇到了，总要驻足看看。

　　西安不像南方，可观梅的地方不多，除了环城公园、兴庆公园等一些公园外，别的地方并不易见到。梅花的品类也比较单一，除了黄色的蜡梅外，红梅、白梅很少见。我不知道别人见到过没有，在西安生活了三十多年，反正我是没有见到过。黄色的蜡梅倒是时不时能见到，公园里，人家的宅院中，还有古刹道观中，多有。①2006 年正月十五，我应朋友刘珂之邀，

❶ 此处引用了作者 2006 年应邀去看社火之时，有幸观赏到了两树蜡梅的事情，引起了下文。

105

去他的家乡户县看社火，在他供职的单位户县文化馆，不期见到了两树蜡梅，那也许是我此生见到过的最大的蜡梅树。那天，在钟楼广场看完社火表演，刘珂让我去他办公室坐坐，喝杯茶。我欣然同意。我刚一踏进文化馆的大门，便闻到了一股清幽的香气，我问这是什么香，其笑而不答，把我让进了他的寒素的办公室中。烧水，净杯，喝茶，闲谈甚欢。待茶淡话稀时，他突然说："要不到外面转转，透透气？"我当然愿意。我知道，他们办公的地方，其前身是户县文庙，虽然后经翻建，但大模样没有变，留下了很多古物，也有很多文物。我们一同来到院中的大殿前，刘珂笑着说："你刚才问是啥东西散发出的香气，看，就是它们！"我顺着他的手势一望，我的天，好大的两棵蜡梅树！七八米外，在大殿正门旁的两侧，两棵蜡梅树静静地挺立在天宇下，每棵主干都有碗口粗，老干虬枝，无声地开满了黄色的花。那花繁盛的呀，就像有无数的小精灵在枝头吵闹；又好像是一股股燃烧的黄色的火焰，争先恐后地伸向天空，都要把天空点燃了。① 我来到它们的面前，闻着它们的馨气，目不转睛地望着它们，连呼吸都要屏住了。

❶ 这是一处传神的神态描写，作者被眼前的情景吸引了，并以嗅觉为切入点，使读者形成共鸣，激发了读者的兴趣。

"这两棵树有多少年月了？"我问。

"我也说不清楚，但总有二三百年了吧。"刘珂说，又补充道，"梅树生长很慢的！"

我颔首。

我们一起在两棵梅树前，足足站立了二十多分钟，然后，才去看一些过去的碑石。

① 其实，西安还有几处看梅的好所在，一处在环城公园朱雀门段，一处在西安电子科技大学老校区，一处在长安区少陵原畔的杜公祠。前两处，每处都有数十棵蜡梅，可称为梅林。后一处，只有一丛，但均有可观处。前两年，在小南门里上班，中午休息时，我常到环城公园里散步，小南门和朱雀门相毗邻，一在西，一在东，相距也就半里地，环城公园朱雀门段是我散步时的必去地。故这里的梅林我常见，不管是花开时，还是叶茂时，梅的风姿，我多有领略。西安电子科技大学老校区内的梅林亦然，原因嘛，我家居校园附近，闲暇时，时常在校园内锻炼、漫步。而杜公祠中蜡梅，我则仅见过两三次。两次是在花发时节，一次则在夏季，正是枝繁叶茂时候。杜公祠在少陵原畔，是纪念唐代大诗人杜甫的所在，据史料记载，明代已建成，据传，那丛蜡梅也属原栽。如果是真，那也是有了年月的老物了。我见到时，主干不粗，但长得很高，足有七八米的样子。这些梅树，均为蜡梅，如鲁迅先生所言，开的是磬口的蜡梅花，花是黄色的，蕊则是紫红色的。人们常说的，素心蜡梅，我不知道是不是这一种？

② 偶翻闲书，读到二十世纪初一些到中国来的外国传教士的记述，他们似乎对中国的文化也颇有兴趣，比如梅花，他们在书中也多有谈及。想一想，也颇为有趣。

先师李正峰在世时亦喜梅，曾读过作家贾平凹记述李先生的一篇文章，说一年冬天，他去西安城内办事，走到南门外环城公园附近时，看见一人披一件呢

❶ 此处介绍了西安看梅花的好去处，可以看出作者对这些地方很熟悉，看来他没少光顾，与前文呼应。

❷ 作者叙述了书中对二十世纪一些来中国的外国传教士对梅花的叙述，可见梅花也深受外国人的喜爱。

❶ 此处插叙了作者在李正峰先生逝世十周年纪念会上见到的一幅红梅图，来证明贾平凹先生所说的话。

❷ 此处引用了清朝人李伯元《南亭随笔》中所记载的故事，体现了人们对于梅的重视，对梅的珍爱。为文章增添了艺术色彩。

子大衣，于雪地中赏梅。他不知是谁这么有雅兴，好奇心突发，想看个究竟。结果走近一看，是李正峰先生。① 贾平凹所言不虚，前几年，在先师逝世十周年纪念会上，我曾见到过其亲绘的一幅红梅图，枝干遒劲，花开灼灼，虽尺幅不大，却似一团火，燃烧了观者的心。

因梅花品高，自宋林和靖以后，文人画士鲜有不喜梅者，这一点，有历朝历代大量的咏梅诗为证，也有大量的梅画为证。② 梅尽管性清，为人所喜，但历史上却发生过因梅杀人的悲剧。据清人李伯元的《南亭随笔》记载："彭刚直善画梅花，其带长江水师时，人多往求画梅，一概允之。然随意应酬，亦无不为世所珍重也。其后画梅愈多，声价益重。有某哨弁，往往假刚直名号私画梅花多幅，向人求售，人不疑其非真笔，亦尝以重价相购。一日，刚直至某处，见悬挂己画梅花甚多。细阅之，皆非己之真笔，力诘主人促言假托之人。主人不敢隐，遂具以购置来源相告。刚直大怒，回营即传假托之某弁质诘，随即将某弁及同谋二人分别杀割。一时传者，莫不嗤其视梅花重于人命。"所谓彭刚直者，即彭玉麟也，生于 1816 年，卒于 1890 年，号雪琴，清湖南衡阳人。咸丰年间洪杨军起，曾国藩治水军于衡阳，彭玉麟曾和他人分统之，后官至兵部尚书，卒谥刚直。其一生喜好画梅花，所绘梅花画不下万幅，且在每幅画上都盖有"一生知己是梅花""伤心人别有怀抱"等印章，相传是为纪念他少年时爱恋的女子梅姑的。就是这样一位视梅花为知己，看似有情的人，却因区区十数张梅画而杀人，其人品性可知。而梅之和人无关，亦可知矣。

　至于我，对梅谈不上特别喜欢。我以为，梅和所有花木一样，都有自己的清芬。① 若说我喜欢梅，也是先师李正峰的缘故，因为他喜欢梅。这里面，我想，感情的成分当更多一些吧！

❶ 文章结尾与开头相呼应，作者谈不上特别喜欢梅，而是因为爱屋及乌，先师喜欢梅花，所以作者也喜欢一些，体现了作者对先师的尊敬与怀念之情。

延伸思考

1. 西安观梅的地方有哪些？

_____

_____

2. 西安的梅花属于什么品种？

_____

_____

3. 作者详细介绍了清人李伯元《南亭随笔》中记载的故事，有什么作用？

_____

_____

紫　薇

名师导读 ▶

紫薇是一种树形、叶片、开花都很好看的植物，也是画家们所关注的题材。而作者对紫薇花却认识得很晚。作者在一次大雪之后的植物园中认识了紫薇树，于是对紫薇树产生了情愫，让我们也去认识一下美丽的紫薇花吧！

紫薇是一种很好看的植物，其花、叶、树干多有可观者，但我过去却并不认识它。我认识紫薇，还是在西安的植物园认识的。那还是数年前的事了。

那年冬天的一夕，难得下了一场大雪。①第二天上午，我起床后，望着玉树琼枝的世界，忽发奇想，一夜大雪，不知植物园里是一番什么样的情形呢？便动了去看一看的念头，便约了一个朋友，踏着积雪，冒着严寒，去了南郊的植物园。进了园子，我深切地感受到，我是来对了。植物园里异常地安静，几乎少有人踪，偌大的园中，除了清越的鸟鸣，再无别的声音。

❶ 此处作者设置悬念，大雪之后植物园中是何等的情形呢？激发了读者的兴趣，引出了下文。

地上、植物上、房屋上……均为雪所覆，于莹洁、寒素中显出一些肃穆，让人心生喜悦。我和朋友随意地在园中转，赏雪，亦享受一份宁静。当然，也谈心。谈的都是一些彼此感兴趣的事，诸如读书啦，绘画啦，游历啦，等等。不意，便来到了松园的南门。朋友突然停到一棵碗口粗的树跟前，指着树问我："知道它是啥树吗？"我摇头。朋友说："这就是紫薇，亏你整天还读汪曾祺先生的书呢！"①经其这么一说，我一下子记起来了，汪先生确实写过那么一篇有关紫薇的文章，而且，我还记得他在文中引用过一句"紫薇花对紫薇郎"的诗呢。于是，我特意地把这棵紫薇树端详了一下，树不高，也就不到三米的样子，但确实有了一些年岁；树干很光滑，很粗，还扭曲着；树枝上不见一片叶子，唯有一些黑色的豆状的果实，但上面也堆满了雪。我用手在树干上挠了挠，树枝纹丝不动。朋友说，你不用挠，它俗名是叫"痒痒树"，但它太老了，早已不怕痒了。我赧然[1]。

自从在植物园中认识了紫薇，在随后的日子里，我便有意地注意上了这种植物。这一注意，我才发现，原来西安市里许多地方都种着紫薇，有些大街上，还将紫薇作了行道树，譬如，朱雀路两旁和中间的花坛中，就种的全是紫薇，不过，树都不大，仅有茶杯粗而已。但即便如此，也给街上增色不少。盛夏和初秋时节，当百花谢尽，满世界都是苍绿时，在朱雀路上走走，

❶ 作者巧妙引用汪曾祺先生写紫薇文章中的一句诗，体现了汪曾祺先生对紫薇树的关注，也可以看出对紫薇树的喜欢。

---

[1] 赧然：在这里是指作者因自己对紫薇树了解不多而感到不好意思。

111

❶ 采用比喻、排比的修辞手法，生动形象地描写紫薇花开得特别繁盛，花的颜色多样。

则是满眼的姹紫嫣红。① 但见紫薇花烂漫在街边，紫的，赤的，白的，一棵棵树上，都顶了一头的繁花，望去如彩霞，让人心怀大畅。而车辆便在花树边穿行，行人便在花树下散漫地走，斯情斯景，当可成为一幅画吧。

事实上，紫薇自身就是国画家常画的题材，尤其是一些花鸟画家，鲜有不画紫薇者。前年初冬，我去长安二中画家刘岚处小坐，喝茶之余，承其美意，要送我一幅画。他问我喜欢什么，我说随便。而同坐的强沫兄则让给我画一张紫薇，不过，不要夏秋的紫薇，而要繁花落尽后的紫薇。刘岚兄慨然应允。便研墨铺纸，便画，工夫不大，一张水墨淋漓的画作便完成了。画面上，数枝紫薇干扭曲着挺然而立，铁干虬枝，枝上着一些还未落尽的叶片，而顶部则是如铁样黑的蒴果。刘岚略一沉思，即在画的右上角题上"焰尽方留味满枝"数字，画顿然变得有味道起来。② 画家画紫薇者，多画花开时节景，如刘岚兄这样画紫薇者，我还从没有见过。由此也可见出其与他人的不同处。这张画，我至今宝之。

❷ 采用对比的手法，写了部分画家在画紫薇的时候多画开花时节，而刘岚则画了繁花落尽以后的紫薇，二者形成鲜明的对比，体现了画家刘岚的与众不同。

今夏去成都都江堰，令我大为惊异，这里的紫薇不仅多，而且大，紫薇干粗叶茂花繁，多有高达两丈者。尤其是二王庙里的那两株紫薇，高及两旁的屋檐，生长在两个用水泥砌成的巨大的花坛里，树冠硕大，万花似锦，惊心动魄，让人震撼，为我生平所仅见。也许此地气候湿润，土壤肥沃，适合紫薇生长吧。诌诗一首："紫薇多繁花，摇曳生北地。春去不足挽，娱目有此君。"

延伸思考

1. 作者在大雪之后，松园的南门那棵紫薇树是什么样子？

_____

_____

2. 作者去长安二中画家刘岚处，要了一幅什么作品？

_____

_____

3. 成都都江堰的紫薇树为什么令作者感到震撼？

_____

_____

荷

荷花自古以来就是文人墨客赞颂的对象，赞颂它的高洁，出淤泥而不染。在作者的笔下，别处的荷花无法与家乡的荷相比，体现了他对家乡荷花的自豪感。

❶ 文章开篇引用汉代相和民歌中的著名诗句，引出了文章的主题——荷，引出了下文。

❷ 作者把对荷的感情类比成相处时间很长的邻居，可以看出作者在荷的身上寄托了思乡之情。

① "江南可采莲，莲叶何田田。"这是汉代相和民歌里的两句诗。莲是南方的叫法，北方称为荷。说到荷，不惟陕西南部地区，譬如安康、汉中等地广泛种植，就是秦岭以北的关中地区，也多有种植，尤其沿秦岭北麓一带，因多峪口，多流水，多川地，种植更为普遍。唐代诗人钱微曾写过一首咏荷诗："泓然一缶水，下与坳堂接。青菰八九枝，圆荷四五叶。动摇香风至，顾盼野心惬。"想他描写的应该也是北方的荷吧。

对荷，我说不上多么喜爱，但碰到了，总要驻足多看两眼。原因嘛，我们家乡有荷，打小就认识。故而见到了，总有那么一点亲切。② 这好比是邻居，虽平日没有多少交往，因相处的时间长了，只要没有交恶，不期在外面遇到了，还是有那么一丝淡淡的喜悦在心底的。

我的家乡在樊川的腹地，离终南山仅有十多里之遥。终南山是秦岭的一段，山上植被好，故雨水多，加之家乡又是川地，西面北面皆原，水汊低湿地方多，水田面积便广博，这在关中别的地方是不多见的。水田面积广就宜种稻植荷。① 在我的记忆里，我们村庄周围全是稻田、荷田，就连村名也叫稻地江村。附近村庄的人，还给我们村编了一句顺口溜，道是"进了江村街，就拿米饭憋（吃饱的意思）"。足见家乡水田面积之广。

插秧种稻在麦收后，但秧苗是在麦子还未成熟时已育在秧床上了，绿莹莹的，如绿绒毯，很好看。待到麦子收割过后，腾出了地，方拔了秧苗，一撮撮插入水田里的。而荷则是在暮春已被植入去冬预留好的田里的。那正是小麦扬花、柳絮飘飞时节，放眼原野，白色的絮状的杨花，漫天飞舞，夕阳下，尤为好看。

② 植荷是一件比较麻烦的活儿，也是一件细致活儿。先得用牲口把地翻了，然后把地耙平，再给田里隔三岔五地堆上捣碎的农家肥，之后把藕种埋入粪堆中，放入水，荷田就做好了。十天半月后，你到地头去看吧，原来水平如镜的荷田里，便有如小儿婴拳样的小叶露出水面，嫩绿嫩绿的，上面还挂着晶莹的露珠。从这时开始，荷田一天一个样，荷叶愈生愈多，一两个月后，便已是叶覆叶，层层叠叠，碧绿一片了。③ 荷田里也

❶ 这里介绍了童年时期的家乡水田居多，也为后文对荷田的描写做好了铺垫。

❷ 这是一个过渡句，引出了下文中种植荷花必须细致，具有承上启下的作用。

❸ 场面描写，作者描写荷田里一派热闹的场景，体现出大地的无限生机。

开始热闹起来，水中有水葫芦、荇草，有鳝鱼、泥鳅，最多的是青蛙。它们在水里跳来游去，有时甚至跳到荷叶上去，压得荷叶一忽闪一忽闪的，荷叶上的露，便若断了线的珠子，纷纷滚下，跌落水中。蜻蜓也很多，麻的、黑的、红的、绿的，或于荷田上空来回飞翔，或降落在荷叶上面。此时，水稻也已成长起来，整个稻田绿汪汪的。片片稻田和片片荷田相间相连，田野如画轴，渐次打开，远山近树，美丽极了。而荷花也在这个季节静静地开了，粉红的，莹白的，花大如碗，挺立在重重荷叶中，如浴后少女，微风过后，婀娜有致，美艳得使人心痛。

夏日无聊，翻书破闷。从书中得知，古今有很多爱荷之人，李白、周敦颐不待说，今人中喜欢荷的，作家里就有席慕蓉、汪曾祺。席、汪二人都曾种过荷。席慕容是诗人，还是画家，她植荷除了观赏、作画外，大概还是出于女人爱美的天性吧。汪曾祺我想则更多出于情趣，出于对生活的热爱。① 读他写种荷的文字，让人感动，也让人觉得温暖，如何弄来大缸，给缸里倾倒进半缸淤泥，铺上肥，注入水，植入藕秋子（荷种），看它生叶、开花，历历写来，如在目前。不过，无论是席慕蓉，还是汪曾祺，他们种的荷都是观赏荷，不长藕，和我家乡的荷是不一样的。我想，花叶也一定没有我们家乡的荷开得大，生长得碧绿茂盛吧。

② 曾见过许多荷，比如苏州拙政园的荷、湖南桃源的荷、昆明滇池的荷，但我以为总不及我们家乡的荷。长安自古帝王都，长安自古也是出美荷的地方。家乡

① 此处用汪曾祺先生写荷的文字简单介绍了汪曾祺先生如何种植荷，过程详细、文字生动体现了汪曾祺先生对荷的喜爱。

② 作者采用对比的手法，认为家乡的荷比苏州拙政园的荷、湖南桃源的荷、昆明滇池的荷都要好，体现了作者对家乡荷的喜爱之情。

稻地江村的千亩荷田，花叶之盛，势接天际，让人震撼，亦让人流连。夏日到此，沐荷香荷风，可以忘忧。若带有酒，还可效古人，摘一段荷梗，掐去头尾，将其插入酒瓶，慢慢地吸，喝上一两口带有荷香气的酒，那分惬意、自在，更无以复言。

延伸思考

1. 唐代诗人钱微曾写过一首咏荷诗，描写的是哪里的荷？

_____

_____

2. 作者在谈及对荷的感情的时候，把它好比邻居，这是一种什么写法？

_____

_____

3. 文章在描写了荷田非常热闹的场景的时候，采用什么写法？有什么作用？

_____

_____

柿　树

名师导读 ▶

　　柿子树的果实在深秋十月才会成熟，成熟的柿子如火红的灯笼挂在树梢。而成熟的柿子甘甜如饴，是人见人爱的美味。作者把自己家乡的柿子介绍得清楚、分明，文章叙述有致，描写生动形象，让我们跟随作者的视角，去浏览一下关中平原上的柿子树吧！

　　柿树是关中农村最常见的一种树，尤其是沿秦岭北麓一带，几乎家家有柿树，村村有柿树。有人说，柿树多生长在苦寒的地方，譬如陕西、山西、甘肃、宁夏等省的山地、丘陵地区，也许吧。柿树耐贫瘠、耐干旱，生长缓慢，但它易活好管，稍有一些土壤水分，就能迎风而长，并结出通红鲜亮的柿子，这很像草民百姓，让人感动。

　　我的家乡在秦岭之北，离山约有十里，西依神禾原，北靠少陵原，属于川地。① 因近山之故，柿树在

❶ 介绍了柿子树在秦岭以北被广泛种植，到处可以看到柿子树的身影，可见柿子树对环境要求不高。

家乡也广为种植，河边地头，人家房前屋后，常可见到柿树的影子。尤其是到了秋日里，严霜一洒，树叶变成绛红色，片片落下，而红艳艳的柿子则俏立枝头，或累累然，或垂垂然，一嘟儿一嘟儿的，晴空丽日下，鲜艳至极，谁看了都会为之心醉。再陪衬以青堂瓦舍，袅袅炊烟，一丘丘金黄的稻谷，绿得发黑的玉米地，还有呼啸的鸟群，那简直就是一幅丰秋图，不惟旅人见了着迷，就连本乡本土之人见了，也会目驻神驰，连连赞叹的。

①柿树的品类很多，以果型和味道来分，大约有水柿、火柿、尖顶、火晶、寡甘、面蛋之类。因其树种不同，故果熟期和果味也大不相同。水柿硕大，未成熟时，浑身呈青绿色，熟后呈金黄色，食之清甜，水气大，美中不足的地方是皮厚。②火柿靠近蒂部有一圈云纹，很好看。这种柿子个儿不大，吃起来也没有什么特别的味道，只有在未熟时，用火烧熟了吃，甜香无比。我不知道火柿之名是否由此而来，反正少年时代，我没少吃过烧熟的火柿。尖顶和火晶则是我们那一带最常见的柿子。尖顶个大，快熟时将其摘下，用温水拔去青涩之气，吃起来甜脆无比。但需注意，去其青涩之气时水不可太烫，过烫则柿子会被煮死，那时，任你是神仙在世，也只能徒唤奈何。尖顶自然熟了也好吃，用手轻轻地剥去一层薄皮，便露出了鲜红的果肉，食之糯甜如饴。③火晶体形小，通体红艳，如沙果般大小，这种柿子红熟时，或轻揩去柿子上的薄霜，一口吞了，或揭去柿蒂，对着口，微微一吮，立时一股蜜甜，便

❶ 此处作者介绍柿子树按果型和味道来分可以分为很多类，可以看出柿子树的种类繁多。

❷ 这里描写了火柿的外形、味道以及名字的由来，并点明在童年时期吃过很多烧熟的火柿，体现了作者对火柿的喜爱。

❸ 作者详细介绍了火晶柿子的外形、颜色、大小、口感，以及储存方法。

顺着喉咙流到肚里，一直甜到心底。火晶是可以久储的。霜降之后，摘了火晶柿子，用剪刀剪去树枝（防树枝戳坏了柿子，柿子熟透后变软，最是娇气，稍微碰撞一下，就会破了皮，流出汁儿），在瓦房顶上用稻草盘个窝，将已红但还发硬的柿子头朝下一层，再头朝上一层，如此往复，一层层码起来，最后用稻草盖严实了。这样，一任风吹雨打，霜侵雪压，柿子全然不惧，只安然地躺在草窝里，慢慢变熟。吃时，只需轻轻地揭开稻草，一层层拿去。如此，便可以一直吃到来年开春。寡甘柿子甘甜，不易变软，一般让其在树上变熟。这种柿子有时白雪都覆盖了大地，还擎立在枝头，风吹不落，雨打不坠。摘时，要用夹杆夹。面蛋形似火晶，但没有火晶鲜红、亮堂，也没有火晶蜜甜，只是一味地面。寡甘和面蛋，我们那一带人家种得不多。还有一种柿树名叫义生，是没有经过嫁接的，即使熟透了，吃起来也有涩味，栽种的人就更少了。

　　我家老宅的院中有两棵柿树，一棵是火晶柿树，一棵是寡甘柿树，都有小桶般粗细。火晶柿树后来因要盖新房，斫去了。①寡甘柿树至今还在院中挺立着，春天，在翠绿的叶片下，开一树方形的金黄的小花；秋天，结一树红灯笼样的柿子。童稚时代，这两棵树给了我无尽的欢悦和乐趣。②夏日看蚂蚁上树，用一根线穿了柿花挂在脖子上做项链，上树捉金龟子、知了，在树下乘凉、荡秋千；秋日里爬上树摘柿子，用铁丝扎红彤彤的柿叶玩，等等，都是让人着迷的事儿。有一种专吃柿子的鸟儿，家乡人呼它作燕咋啦，每年

❶ 此处采用比喻的修辞手法，把柿子比喻成红灯笼，生动形象地描写了柿子的可爱样子。

❷ 描写了作者童年时期柿子树带来的无限欢乐，体现了作者对柿子树的喜爱以及对童年的怀念。

柿子成熟时节，它们都会叫着闹着飞临家乡的原野。每当这时，家乡的柿树都会遭一次殃。但在我的记忆里，家乡人似乎并不恨这种鸟儿。若那一年燕咋啦不来，他们还会仰了头，自言自语地说："燕咋啦咋还不来呢！"一年秋天，柿子成熟季节，因为忙，父亲嘱咐我和弟妹们把家中院里的柿子摘了。于是，我和弟妹们提篮拿夹杆，把两棵柿树上的柿子摘了个精光。<u>①不想，父亲晚上回家后看到这种情形，脸色立即沉了下来，他二话不说，饭也顾不上吃，便搬了梯子，硬给树顶上绑了几嘟儿柿子。下来后，他语重心长地对我们说："记住了，天生万物，有人吃的一口，便有鸟儿吃的一口。"</u>直到此时，我才恍然大悟，我们太不厚道了，忘了给鸟儿留吃的了。父亲去年八月已谢世，如今，追言思人，我不觉怃然。

柿树还是一种入画的树木，许多国画家都爱画它。我的妻子家在终南山脚下，出小峪口不远即是，村名也很有意思，叫清水头。每每念及这个村名，我都会想到杜甫的诗句："在山泉水清。"清水头村多树木，尤多柿树，一搂粗的，桶粗的，随处可见，夏天撑一树树荫凉，冬日铁枝虬干，古意苍然。我曾多次在这些树下盘桓，感叹着光阴的飞逝，追忆着似水流年。<u>②一次，我和国画家赵振川的弟子王归光、于力闲聊，得知赵先生也常带了一班弟子到此写生作画，不觉欣然。</u>怪不得近日观看他们师生的秋季小品展，似乎画里闪现着柿树的影子呢。

清水头村还有千亩荷田，六七月间，荷叶田田，

❶ 描写了父亲不忘给燕咋啦留下成熟的柿子，并告诫孩子们："天生万物，有人吃的一口，便有鸟儿吃的一口。"体现了父亲做人非常厚道。

❷ 这是一处细节描写，体现了柿子树是许多国画画家的喜爱的绘画主题。

荷风阵阵，荷花次第开放，红的白的，加之青山绿水，远村长林，景致也是蛮宜人的。除了柿树外，不知赵先生会不会偶发兴致，也画一笔两笔荷花呢？

延伸思考

1. 柿子树的生长环境有哪些？

_____

_____

2. 柿子有哪些品种？

_____

_____

3. 柿子树给作者的童年带来了哪些乐趣？

_____

_____

夏日蝉声

名师导读▶

　　蝉鸣是夏天所特有的声音，蝉的叫声在有些人的耳朵里是噪声，而在作者的耳中却是美妙的音乐。本文作者以独特的视角，向读者展现了蝉声独有的魅力，让我们去领略一番吧！

　　①《庄子》有句："蟪蛄不知春秋。"年轻时读此句，不知其意。一翻注解，明白了，原来就是寒蝉。寒蝉春生夏死，夏生秋死，自然不知春秋了。不过，这里的"春秋"须说明一下，它并非我们常说的春季秋季，而是指一年。蝉寿命短，当然不知"一年"是怎么回事了。我自小生活在长安乡下，长安属于关中，在秦岭以北，比较寒冷。在我的印象里，我们那一带似乎没有春蝉，有的只是夏蝉和秋蝉，夏蝉尤其多。②夏日正午，或者黄昏，天晴时节，行进在山间小路上，或者川地的河滩边，便可听到盈耳的蝉声。那真是蝉声的海洋，各种各样的蝉声，高的低的、长的短的、

❶ 文章开篇引用《庄子》的名句，阐述了蝉的寿命非常短暂，激发了读者的兴趣，为下文的描写做好了铺垫。

❷ 作者描写了夏蝉分布地域广泛，蝉的鸣叫声此起彼伏，叫得人心烦，体现了蝉数量之多，叫声之大。

123

尖细的粗犷的，一波一波，你方唱罢我登场，不绝如缕，把人的心都能叫乱。昔人用"蝉声如雨"来形容，我以为是再恰当不过了。

也许是自小生活在乡下的缘故吧，我喜欢听各种虫鸣鸟叫，尤其喜欢听蝉声，觉得那简直是天地间最美妙的音乐。尽管我已离开故乡多年，但这种爱好，一直未改。① 每年的夏秋时节，我都要抽空回老家看看，在家乡住上几天，喝一喝家乡的水，吃一吃家乡的饭，自然也会到家乡的田间地头走走，看看那些熟悉的人，熟悉的田土，熟悉的河流小树林，也顺便听听蝉声。在我的记忆里，蝉声是和天气有关的，若天气晴好，蝉鸣便会异常地响亮、悦耳；如天阴或者下雨，蝉儿的叫声就会发闷，甚至有些嘶哑。尤其是大雨前的闷热天气，蝉声简直有些歇斯底里。我喜欢天气晴朗时的蝉声，天气晴朗时，高卧故乡老屋南窗下，听蝉儿高一声低一声的吟唱，那简直是一种享受。② 在樊川中学读高中时，暑假里，我常常爱一个人带一本书，溜溜达达走到小峪河边，躲进小树林里，脱掉鞋子，把脚伸进清凉的水里，边听蝉鸣边读书，那是我少年时期最旖旎的梦。可惜，这种梦现今已经不再。

听蝉声最好是在寺庙里，环境清幽，蝉声也愈加的清越，如箫管，若长笛，若丝竹，随你怎么想，都不为过。其间，如有一二老僧，趺坐蒲团上，不念经而打盹，那情境，似觉更妙。二十多年前的一个夏日，我在终南山南五台的圣寿寺，就曾见到过这一情景。③ 时值正午，蝉声如潮，充满了整个山谷，而一位居士就坐在

① 此处采用排比的手法，生动形象地描写了作者对家乡人、田土、小树林的眷恋，体现了作者对故乡的思念之情。

② 此处插叙了作者在读高中时，常常一个人到树林听着蝉鸣去读书，体现了作者对蝉鸣的喜爱之情。

③ 采用反衬的手法，描写了一位居士坐在寺门口的石磴上打盹，而周围如潮的蝉声却没有打扰居士，可见居士的心境非常清净。

寺门口的石磴上，安然地打盹。他双手间长长的念珠串，也一动不动，垂挂指间。我当时想，这么热闹的蝉声，也不能惊醒一个清修者的梦，他难道心中真的是无牵无挂吗？那时的圣寿寺因年久失修，已相当破败，近乎荒寺，没有院墙，亦无大殿，除了一个残破的山门，数间破屋，两座佛塔，就是几棵参天古槐，还有无尽的蝉声。如此境遇，能安之若素，这位清修者该是多么的高洁呀！我没有打扰那位清修者，只是轻手轻脚地在废寺里转了转，触摸着历经千年风雨的砖塔，一瞬间，我的心也清净到了极点。① 听蝉声还宜于水滨。水流潺潺，蝉声绵延，水声和着蝉声，婉约有致，亦妙。当然喽，山谷中也很适宜听蝉声。那需邀一二挚友，于盛夏最热时，不急不慢地行进在山间小道上，有风吹过，林木沙沙，而蝉鸣时断时续，飘入耳中。身临其境，便会洒然有出世之想，足以忘忧。去年秋天，游滇池，登西山，闻蝉声，我就曾有过这种感觉。所不同者，那次听到的是秋日蝉声，而非夏日蝉声。

有人说，蝉儿鸣叫，是雄蝉用鸣声吸引雌蝉来交配，也许吧。但我从中体味出的只是自然的和鸣，是大地的欢歌。还有人说，蝉是害虫，吸食树木的汁液，会造成树木死亡。我想，这也许只是人的想法。若从蝉儿的角度来讲，莫准还认为人是害虫呢。"饮风蝉至洁，长吟不改调。"② 我们还是学学苏学士，学学古人吧，相信蝉是餐风饮露，是高洁的，尊重自然，尊重造物，这样，我们在炎炎长夏，才会不觉得寂寞，在清亮如水的蝉声里，才会过得更有滋味。

❶ 作者从听觉着手，描写水边是非常适宜听蝉鸣的，水声和着蝉声，一唱一和，婉约有致。体现了蝉鸣带给作者听觉上的享受。

❷ 人们对于蝉的种种说法，作者都不是很赞同，他劝诫人们还是学一学苏学士，相信蝉是高洁的，从大自然中体会生活的乐趣。

125

延伸思考

1.《庄子》有句："蟪蛄不知春秋。"是什么意思？

_____

_____

2. 作者认为听蝉声最好在哪里？

_____

_____

3. 文中"我当时想，这么热闹的蝉声，也不能惊醒一个清修者的梦，他难道心中真的是无牵无挂吗？"采用了什么手法描写了清修者的心境？有什么作用？

_____

_____

喜　鹊

喜鹊是一种吉祥的鸟，自古以来，人们对喜鹊有着一种特殊的感情，认为喜鹊能给人们带来好运。在作者的家乡——关中农村，也经常能看到喜鹊。作者以自己的视角对喜鹊的外形、习性以及所筑的窝都做了详细的介绍，快让我们去看一看吧！

喜鹊可以说是关中农村里最常见的鸟类了，尤其是靠近秦岭北麓这一带的乡间，人家房前屋后的大树上，乡野沟渠坎畔的树枝间，多有喜鹊的影子。①喜鹊样子很喜庆，圆圆的小脑袋，尖尖的喙，黑白相间的身躯，长长的尾巴，可以说是人见人爱。而乡人们最喜欢的，应是它的喳喳的叫声了，他们认为那是一种吉祥的声音，"喜鹊喳喳叫，客人就来到"。在我们村里，这是人们最爱说的一句话。

我也很喜欢喜鹊。缘由有二，一是我自小生活在长

① 文章开篇采用外貌描写，寥寥几笔，就把喜鹊可爱的样子描写得惟妙惟肖，引出了下文。

安乡下，喜鹊多见，见得多了，就如乡邻一样熟悉了，熟悉了便心生欢喜；二是觉得这种鸟好看，叫起来也好听，不像麻雀，灰不溜秋的，整天一群一群的，聚集在人家的屋檐前，叽叽喳喳，吵得人心烦，有时还糟害庄稼，人不待见。也不像猫头鹰，叫起来尖厉刺耳，如锐器在石板上划过，让人心生恐怖。记忆里，喜鹊在春天和冬天最常见，夏天见到的似乎不太多。这也许是夏天草木茂盛，喜鹊的行踪不易被发现的原因吧。春天，在故乡的原野上，或者小河旁，常能见到喜鹊。它们一只两只地在麦田中蹦跳，头一点一点的，看上去很好玩；或者一边喳喳地叫着，从这棵树上缓缓地飞到那棵树上，尾羽画出优美的弧线。这个季节，喜鹊的巢也比较好找，多在高大的白杨树上。行走在乡野上，偶一抬头，你便会看到一个个巨大的黑色的喜鹊巢，安然地蹲踞在高杨大柳的树梢间，好像是一件件艺术品。①天空是纯净的，蔚蓝得不染一丝儿杂尘，这时也许有风，那巢便随了风，轻轻摇晃。要是担心巢会被风刮下来，你就可以是咸吃萝卜淡操心了。事实上，喜鹊是筑巢的高手，我曾在乡间生活了多年，也见过好多鸟儿的巢，比如燕子的、麻雀的、斑鸠的……我以为，都不及喜鹊的巢筑得漂亮结实。②麻雀就乱乱的一团草，囫囵着弄一个小窝。有时，它们甚至连这样简易的巢也不筑，就直接栖息在人家的屋檐下，或者树丛中。小时候，听父亲讲寒号鸟的故事，我总疑心那到了冬天，到处飞来飞去，嘴里叫着"噗噜噜，噗噜噜，寒风冻死我，明天就垒窝——"

① 此处描写喜鹊的巢结实、耐用，还引用了歇后语，语言诙谐幽默，令人忍俊不禁。

② 采用对比的手法，描写了麻雀筑窝的潦草简易，反衬喜鹊筑巢的漂亮结实，体现了作者对喜鹊的喜爱之情。

的寒号鸟，似乎就是麻雀。①燕子的巢固然精致，但也是筑在人家的屋梁上，而且喜用旧巢，既没有喜鹊巢大，也没有喜鹊巢好看。至于斑鸠巢，多筑在大树主干一两丈高的逸枝处，不但潦草，也极不安全。少年时期，我就不止一次地看见，村童爬上树去掏斑鸠窝，惊得斑鸠绕着树，鸣叫着乱飞。而喜鹊就无此之虞，它们的巢多在大树的顶端，村童爬不上去；就是爬上去了，也因树梢树枝太细，他们怕折断树枝，跌落在地，而不敢贸然爬上顶端去掏喜鹊窝。更何况，村人还禁止小孩爬树糟害喜鹊，认为那是不吉利的事儿呢。因此，喜鹊在故乡多见，就是极自然的事了。春夏季节，喜鹊忙碌着筑巢、生蛋、育雏，繁衍后代，而到了秋天，喜鹊似乎悠闲了一些，这个季节，雏鹊已长大，不用再哺育，田间又多食物，昆虫，植物的果实多了去，它们不用费太多的力气，就可以吃饱。吃饱了的喜鹊就在田野，或者人家房前屋后的大树上鸣叫、嬉戏。②只有到了冬天，因为缺少食物，觅食不易，又加之天气太冷，它们才显得呆滞一些，似乎没有春夏秋三季活跃。而此时见到的喜鹊，多数是在觅食。

　　喜鹊喜逐人居，这种现象，我是早就知道的，过去，在家乡的那段年月里，我也常见。不过，这十几年来，由于环境的改变，乡间大树数量骤减，平原上、川地里，已经很少能见到喜鹊，它们缺少了栖居地，无处可筑巢。就是偶尔见到，也是一只两只的，没有成群的。而那巢也小得可怜，望去约有篮球般大小，孤零零地架在半大树的树梢间。昔年，喜鹊很少光顾的山间，

❶ 此处采用对比的手法，描写了燕子的巢虽然精致，但不及喜鹊的巢宽大、好看，斑鸠的巢更是潦草，极不安全，体现了喜鹊窝的与众不同。

❷ 描写了冬季时节的喜鹊的神态，因为缺少食物，天气寒冷，缺乏了往日的活跃。

❶ 此处讲述作者去沣峪游玩遇到一大群喜鹊的事情，喜鹊们自由自在地啄食、玩耍的情景，触动了作者的内心，表达了作者对童年的怀念。

因为大树多,反倒经常能见到它们的身影。^①去年冬天，我一次去沣峪游玩，在红草河边，竟然意外地碰到了一大群喜鹊，它们叫着，闹着，在一块山地里蹦跳着，边跳边啄食。那份悠然，令我神往。我当时激动了半天，还专门停下匆匆的脚步，静静地观看了一阵子呢。那一刻，我的心似乎又回到了故乡，回到了遥远的童年。恍惚间，我看见慈祥的奶奶拿了一张喜鹊登梅的大红窗花，正往窗格上贴。而窗外，则是一地的白雪，一树的琼枝……

延伸思考

1. 请说说喜鹊的外貌。

_____

_____

2. 作者喜欢喜鹊的原因是什么？

_____

_____

3. 在描写喜鹊的窝的时候，采用什么方法来表现喜鹊的窝优点很多？

_____

_____

樊川晚浦

名师导读 ▶

　　文章开篇巧妙引用古人的诗句，点出了作者对家乡樊川的特殊感情。接着从地理、历史、水域、文化、景色等方面进行了叙述，使读者也为樊川所着迷。

----

　　① "高秋最忆樊川景，稻穗初黄柿叶红。" 这是北宋名相寇准《忆樊川》中的两句诗，我很喜欢。一则，这两句诗很美；二则，诗中所咏之地是我的家乡。我自小生活在樊川乡下，一直到十八岁才离开家乡稻地江村，到异地负笈求学，生活工作。不过，这里的异地也不是别的地方，而是西安，离家乡樊川也就三四十里路的样子，故可以时常回家看看。因此，从某种意义上来讲，我从来就没有真正离开过我的家乡，对家乡樊川的感情就可想而知了。

　　② 是挚爱？是深爱？是痴爱？随便怎么说，我想都不为过吧。

❶ 文章开篇引用北宋名相寇准《忆樊川》中的两句诗，点明主题，引出下文。

❷ 此处一连用了三个疑问，激发读者的兴趣，表达了自己对樊川的深厚感情。

131

樊川是指东起大峪，西至韦曲，这一片广袤的川地。其东阔而西狭，长四十余里。它南临终南山，西倚神禾原，东北为少陵原，中间潏水流焉。潏水两岸，出泉无数，茂林修竹，稻溪蔬圃。① 据典籍载，历史上曾是汉代名将樊哙的食邑，故名樊川。但实际上，樊川这一地名，在汉代之前的周代就有，并非因了樊哙才称为樊川。

❶ 作者巧妙引用典籍，介绍了樊川历史的悠久，可以上溯到汉代以前的周代，引出了下文。

我喜欢樊川的水多。杜曲、韦曲、稻地江村、清水头……单听一下这些充满水意的名字，就知道樊川一带，水资源是多么的丰沛了。终南山中多流水，而流入樊川者，经粗略统计，就有大峪河、小峪河、白道峪河、洋峪河、土门峪河、蛟峪河、太乙河，这些河如甘美的乳汁，滋润着樊川这块膏腴的土地，土地上的物产就异常地丰富了。少年时代，我曾不止一次在这些河流边游走过，每每穿行在河滩上的小树林中，听着蝉鸣鸟叫，看着花开花落，望着河中清冷的流水，嗅着田地里庄稼散发出的馨气，我就会感到无比的幸福。一颗不羁的心，也会随着天空的白云，逸飞到天涯。② 至于夏日的傍晚，在小峪河里游泳，摸鱼捉蟹；赤脚走在光溜溜的田塍上，摘一枝荷花，在手中把玩；或者，折一柄荷叶倒扣在头上，一任蜻蜓在我们的头顶乱飞，一任荷香浸入心脾，则是再快乐不过的事了。上中学时，我的班主任老师害牙疼，百药罔效。一个偶然的机会，我从村里人那儿得来一个土方，说是把鳝鱼血，在瓦片上焙干，研碎，再配上熬好的绒线花水，冲服，治牙痛有奇效。我约了一个同学，一日夜

❷ 此处插叙了作者童年时期在夏日的傍晚，在小峪河玩耍、折荷的情景，小峪河为作者的童年带来了无限的乐趣。

间，顶着满天的星斗，打着手电筒，到稻田里捉鳝鱼。那时水田多，村里人还很少吃鳝鱼，故稻田里鳝鱼很多。走在田塍上，用手电照照，就会发现鳝鱼溜出了洞，到外面觅食。①伸出中指一夹，迅速往鱼篓中一丢，一条鳝鱼就擒获了。也就两个多小时的样子，我们就抓获了一鱼篓鳝鱼，足有三四斤。回家后，我们把这些鳝鱼连夜宰杀了，然后抽出它们肚子里的那一缕凝固的淤血，又找来一页青瓦，将瓦洗干净，如法炮制。之后，又到村中寻来干枯的绒线花，用纸包好，第二天早上，送给了班主任，并告知了他用法。老师最终服用了没有，我不得而知。但两天后，老师上课时再不咧着嘴吸气了，却是事实。我想，那土方制成的药，大概还是起了作用吧？这一切，也应算是樊川之水所赐吧。

樊川还是一个有着深厚文化底蕴的地方，历朝历代，有许多文化名流在此居住、生活。唐朝大诗人杜甫、杜牧都曾卜居于此，且都留下了吟咏樊川风物的诗歌，杜甫有名的《秋兴八首》，即作于此。至今，少陵原畔上，还留有杜公祠，那是后人为纪念这位卓越的大诗人而修建的。至于杜牧，干脆就将他的诗文集取名为《樊川集》，可见其对樊川的一往情深。②大家耳熟能详的人面桃花的故事，也发生在此地，崔护所游的那个小小的村庄，即在杜曲镇之南一里处，不过今天的名字不叫都城南庄，而叫桃溪堡。少年时代我曾多次去过桃溪堡，村庄背倚少陵原，面向樊川、终南山，村外堡墙巍巍，村内溪流淙淙，确有世外桃源况味。

❶ "一夹""一丢"生动描写了作者抓鳝鱼的动作老练、娴熟，可以看出作者经常去小峪河抓鱼。

❷ 此处巧妙引用崔护人面桃花的故事，为文章增添了文化色彩，增强了表达效果。

133

二十世纪六十年代，长安画派的代表人物、著名国画家石鲁先生，还曾根据自己在桃溪堡的游历所见，画过一幅国画。此画后来我在画册上见过，画面很美，绿树红花，老瓦旧墙，村庄于静谧中透出一股生气，让人看了，心生喜欢。我大学时的学兄邢小利，也是一位标准的文人，其人面团团有佛像，恬静寡言，能诗能文，尤精于文艺评论，其家也居于樊川，即今之杜曲街办东江坡村。我想，他身上所流出的那一股娟娟文气，也应是樊川这块土地孕育出来的。

周日无事，和朋友冒着严寒，去樊川远足。车到杜曲镇后，向西一拐，即到了潏河边。① 弃车沿河边漫步，见田中麦苗鲜碧，河滩长林萧疏，忽然想起了金代文学家赵秉文歌咏夏日傍晚樊川水滨的诗："几家篱落掩柴关，尽在浮岚涌翠间。稻垄明边通白水，竹梢缺处补青山。"便猜想，这里夏日的景色一定是更加迤逦的了，远山近树，白水通田，蛙声一片，晚风中飘荡着荷香，而一轮将坠未坠的夕阳，正用最后的余晖，给樊川抹上一缕金色，那简直是一幅让人迷醉的画了。

❶ 作者引用金代文学家赵秉文赞颂樊川水滨的诗句，联想这里的夏季一定景色迤逦。体现出此地风景如画，古往今来引得多少文人骚客对它赞美。

延伸思考

1. 作者对家乡有一种怎样的感情？

_____

_____

2. 作者眼中的樊川指的是哪些地区？

_____

_____

3. 樊川一带水资源丰沛，有哪些水域？

_____

_____

八　渡

名师导读 ▶

　　八渡，在作者的眼中是一个富有诗意的名字，至于名字的由来，我们不得而知，作者也不想去深入探究，因为朦胧也是一种美，让我们跟随作者的脚步，去领略八渡的美吧！

❶ 文章开篇描写一条清澈的山溪，以及两岸的树林、山峰，满眼的翠绿和杂糅其间的红黄，使读者也不禁沉浸其中，如醉如痴，激发了读者的兴趣，引出了下文。

　　老瓦旧墙，^①一条山溪，自东南向西北静静地流着，水清亮亮的。水中多白石，多游鱼。两岸则是葱郁的树林、田畴和苍翠的山峰。放眼望去，是满眼让人沉醉的绿和杂糅其间的红和黄，秋色已渐渐浸染了山林。我也是随着秋的步伐，再次来到陇县八渡的。八渡，一个多么令人畅想多么诗意的名字呀，是往昔有八个渡口呢？抑或别的什么原因？我不清楚，也不想弄清楚。有时，朦胧反倒会给人以更多的想象和美妙。

　　我是第三次来八渡的。前两次分别是夏天，这次，我则特意选择了秋天。原因嘛，无非想看一看这里静美的山林，体味一下这里纯美的人事，使自己疲累的身心得以休憩。"沧浪之水清兮，可以濯我缨；沧浪之水浊兮，可以濯我足。"这里虽无沧浪之水，但却有八渡之水，相信亦可濯吾尘心。更何况，我的好友早已卜居于此，且在山水间筑有简朴的小院。垒石为墙，木栅为门，院落萧阔，遍植花木，房屋数间，泥墙青瓦，简素中透出一种淡远，亦足让人惬意。

我是半上午到达朋友小院的。车刚一停稳，朋友已笑吟吟地出现在车边。① 下车，入院，顿觉眼前一亮，数丛白菊依院墙根而生，蕊黄而叶绿，浓翠中显示出一派勃勃的生机。微风起处，花摇枝颤，似在向我们频频致意。而三间房前，临窗栽种的两窝葫芦，生长得正葳蕤，巴掌大的叶片间，藏着一个个粉白色的葫芦，若一个个憨婴儿，在秋光里酣眠。青山，绿水，小院，瓦房，秋菊，葫芦……以及散淡的主人，一时间，我竟有些恍惚。我蓦然间想起了前人的一副对联：绕屋一湾水绿，开轩数朵峰青。此景此境，可不正契合了这副联语吗？

便涤杯，便坐在院中一梧桐树下饮茶。梧桐树高可两丈，树叶浓密，仰望之，若碧玉堆砌而成。树叶映在杯中，茶水也就更见其碧澈了。想起去年夏日，也是在此树下，三四位好友于夜间纳凉，大家边喝茶边闲谈，夜风吹着，四周虫声唧唧，偶闻有农人在田野里锐声呐喊，其声粗犷，初不明其意，询之方知，原来是秋庄稼将熟，农人担心野猪糟害，故巡夜以驱之。一边是国家保护野生动物，一边是农人要生活，山里人生存之不易，由此可见。② 聊着喝着，不觉夜

❶ 这里巧用拟人的修辞手法，生动形象地描写了友人院子里墙根下的数丛白菊随风摇曳的样子。为文章增添了生动感。

❷ 此处为环境描写，夜半月光洒地，烘托了一种恬静的氛围，使人心境澄明。

137

半，但见一轮明月，从屋后的东山顶上升起，一时清辉满地，连心也澄明了许多。有萤火虫亮着灯，一闪一闪的，从眼前飞过；有夜鸟在不远处，一声一声地鸣叫；虫声如雨，洒落山野。茶喝淡了，话也越说越少，夜凉如水，大家却均无睡意。还是主人说明天还要爬山，一再劝大家回屋休息，我们这才依依不舍地离开了庭院。

　　闲谈间就到了中午。朋友撤掉了茶盏，安排大家在院中吃饭。菜蔬自然是从院中的菜园里采摘的，水灵而鲜嫩，有黄瓜、豆角、土豆、青菜，再加上炒鸡蛋和酱牛肉，虽简素，亦足让人开颜。何况，还有老酒，就更让人畅怀。正饮间，忽见有人在围墙边探头探脑，就听主人招呼："是老聂吗？进来喝两杯！"便闻柴门一响，一个五十多岁山里人装束的汉子，大踏步走进了院中。朋友赶忙起身迎住，并向我们做了介绍。① 老聂也不客气，自己掇过一把凳子，坐在饭桌边，和我们边聊边吃开了。其实，老聂我是见过一面的，尽管没有交谈过，有关他的故事，我也是略知一些的。去年夏天，我随朋友来八渡白鹤坪小住期间，一日上午，我俩正在沿河的乡间小路上散步，迎面过来一辆摩托车，开车的是一位汉子，车后备厢上载着音响，音响开得老大，放着秦腔折子戏，从我们身边驶过，这人便是老聂。原来老聂上世纪七十年代曾在白鹤坪村插队多年。尽管后来返城，但还是念念不忘这片留有他青春岁月和梦想的土地，不忘这里的山山水水和父老乡亲。两年前，他从西安一家企业甫一退休，便毅然

❶ 细节描写，老聂自己掇来凳子，与"我们"边吃边聊，描写了老聂为人直爽，一句话把老聂的性格刻画得活灵活现。

回到了小山村，承包了一片土地，种庄稼、养鸡，在此安家落户。村里人也很欢迎他，亲切地称他为老聂，他在此也过得很滋润。饭间谈及这些事，老聂几杯酒下肚，也是颇为激动。他说他感恩白鹤坪这块土地，也感念村里的父老乡亲。

下午去白鹤坪村里转了转，村庄不大，也就二三十户人家的样子。①村庄被树木和庄稼包围着，显得很安静。还有几户人家，远离村庄，住在村外，就更见其幽静了。家家皆为青堂瓦舍，虽老旧，但却整洁。院中有树有竹，木栅栏做成的围墙上，爬满了凌霄和丝瓜，红的花、黄的花、碧绿的叶，让人眼睛发亮，不由驻足。而院落外，就是一片片的庄稼地，地里长满了将熟的大豆、苞谷。庄稼地的远处，则是河流、青山。人们世代在这里耕作，在这里生活，也在这里死去。②他们活着的时候，日日眺望着自己的家园，故去后，和草木一样，融入了这片生生死死眷恋的土地。

我们还去了东沟。东沟为一大山沟，沟深而幽，山坡上长满了板栗树。走在山道上，如走在由栗树叶铺成的锦毯上，绵软而踏实。此间有一种美食名曰柴禾鸡，系用大土灶大铁锅大柴火，将本地出产的土鸡洗剥干净，剁成块，炖煮而成。我品尝过一次，味道确实不错。但我想，若给柴禾鸡中加入本地产的板栗，那滋味一定会更加鲜美吧。

❶ 此处为细节描写，描写了村庄的幽静。

❷ 村子里的人们世世代代生活在这里，故去后也会叶落归根，葬在这片生养他们的土地，体现了他们对家乡的深厚感情。

延伸思考

1. 作者前后一共去过八渡几次？分别是什么时间？

_____

_____

2. 作者采用什么方法描写了八渡的水？有什么作用？

_____

_____

3. 文章在描写友人院中的葫芦的时候采用了什么手法？起到了什么作用？

_____

_____

云和树

名师导读 ▶

云是高远的，树是高大茂盛的，合起来两者形成了一幅绝美的图画。作者多处采用对比的手法，生动地再现了云集的美景，我们也去看一看吧！

去过永寿几次，但都是匆匆而过，没有留下多少深刻的印象。一个印象是，这个县的名字起得好，一提起就让人心生喜悦；另一个印象是，永寿县境内槐树多，槐花、槐花蜜有名。而后一个印象则来自两年前，这年的九月，我和几位朋友去麟游县一游，途经永寿，行进在山梁上，①但见满山满谷的槐树，密密匝匝，苍翠而沉静，公路若飘带，就在山梁上蜿蜒，而车则如船，在槐树的海洋里浮沉，一时间，连心也似乎要飞翔起来了。便想，若是四五月份来，则定然是漫山遍野繁白的槐花了，这山这梁这谷，怕也是清甜而馨香的。更不用说还有无数的蜜蜂，嘤嗡在花丛中，那

❶ 采用比喻的修辞手法，把满山满谷的槐树比喻成海洋，把行进中的车比喻成船，生动形象地描写槐树的数量之多。

情景自然是壮观而迷人的。

永寿的槐树多，但我没想到的是，这里云也多。云集，一个多么诗意的地名呀！①是云的集市？还是云的集会？抑或，云的集合呢？我说不清，也许都有吧。反正在初夏，当我于一个晴朗的上午，站在高峻空旷的页岭上，面对了高天中一团团白色的流云时，我是惊讶着，又好奇着。而云集的树，也比通往麟游山梁上的树更多，除了大片的槐树，还有苍老的柿树，树冠团团然的核桃树，高拔的榆树、杨树，以及低矮的野杏树、山桃树……槐树虽花事已近尾声，但树上的花尚未落尽，晴空丽日下，一树树繁花高擎枝头，还在风中招摇。柿树、核桃树均已挂果，它们的果实像一个个顽皮的孩子，就藏匿在肥大的叶子下，你若不仔细看，定然是发现不了的。野杏已长到纽扣般大小，碧绿碧绿的，上面裹了一层若有若无的白色的细茸，看上去若碧玉，十分可爱。我禁不住诱惑，摘下一颗尝了尝，酸极，差点没把我的牙齿酸倒，赶紧吐掉，且把剩下的一半，丢进路边的草丛里。

②在云集山庄里徜徉，一边惊叹着山庄占地之大，有一万三千余亩，且梁大沟深，田土广阔，农事发达；一边惊讶着这里的林木之盛，庄稼之茂，鸟兽之多，风光之美。不觉间，就想到了数年前盛夏，行进在甘肃河西走廊时的情景。那里的天也是高旷的，云也是洁白的，但不同的是，除了路边的白杨，几乎没有什么树，有的则是大片的草原和庄稼地。风也极大，让人几乎不能立足。当时触景生情，还写就了一首小诗：

❶ 连用三个疑问句式，表达了对云集这个富有诗意的名字的联想，设置悬念，激发了读者的兴趣，引出了下文。

❷ 这里是一个土地肥沃，植物茂盛的好地方。

车过河西走廊

我看到最多的是

高天上的云和路边的树

云是地上的羊群

跑上了天

树是天上的仙女

流落人间

云白树绿

构成天地间大美

我行云树间

心随云飞

心随树静

　　还想到了那年四月，从秦岭沣峪口出发，沿东坪沟登上秦岭分水岭时的情景，分水岭上的云也是大朵大朵的，白且多。不同的是岭南是青山绿水，一片葱郁，岭北则万木萧瑟，一片褐黄，就连大梁上的高山草甸，一片片箭竹，也是枯黄的、冷凝的，没有云集树和云的温润。一时便想，这世间的事物都是依理的，就是有生命的草木，抑或无生命的白云，也都在遵循着自然的规律，有各自的地域特点。①那么，云集的树和云，则是幸运的，树则有山有谷有沃土可依，云则有长空万里可供遨游。而生活于这片天地间的人们，有了这些物事的滋养，也该是幸福的，滋润的。这样想着的时候，我突然间觉得，此时此刻，有云集的树和云相伴，

❶ 此处是作者的联想，通过岭南岭北景物的截然不同，作者感慨云集的树和云是幸运的，而人们生活在这里，享受着树和云的滋养，也是幸福的，体现了作者对生活的感恩之心。

143

有三五好友相伴，我也是很幸福的。

此间有云寂寺，甚古，为金代遗存。惜乎寺已废，现仅留金时铁钟一口和距寺三里外一棵千余年豹榆树，因时间紧，未及游。云集，云寂，一集一寂，一热闹一空寂，同一个地方，名字却不同，取名者心境可见。① 和喜欢永寿这个县名一样，我也喜欢云集和云寂这两个地名，当然，更喜欢页岭这个葱茏峻茂的地方。

❶ 文章结尾作者点明了喜欢云集和云寂这两个地名，与喜欢永寿这个名字一样，与前文形成呼应，使文章结构完整。

延伸思考

1. 作者对永寿县的印象有哪些？

_____

_____

2. 作者在描写满山满谷的槐树的时候采用什么修辞手法？

_____

_____

3. 文章中引用了作者所作的小诗，有什么作用？

_____

_____

第三辑 都市志

　　每年三月初前后，当迎春花在环城公园里烂漫的时候，西安的上空，总会飘荡起许多五彩斑斓的风筝。这些风筝因天高风疾，飞得很高，不但高过了普通的民居，而且还高过了雄浑、厚重的城墙，如无数美丽的大鸟，飘飘摇摇的，把古城的天空装扮得很美。和北京人一样，西安人也很喜爱放风筝。

阅读下面的文章，回答问题。（26分）

四个小板凳

①我家里有四个小板凳，它们每个长不过一尺，宽仅半尺，也就一拃来高，全漆成橘红色，看上去普普通通，但它们却是我的爱物。我进城快三十年了，而这四个小板凳跟随我，少说也有二十五六年。在西安寄居的这些年月里，我曾城南城北，城东城西地，搬迁过好多次家，也曾扔掉过许多旧家具旧家电，就是我顶喜欢的书籍，我经过挑拣，也当作破烂，卖掉过一些。但我从来没有动过扔这四个凳子的念头。不惟我不能动，也不允许家里的人动。尽管这四个凳子经过岁月的磨损，已有了些许破旧，原来结实的卯榫，已有点儿松动，原来光洁的凳面，一些地方油漆已剥落，显得有几分斑驳，但我依然喜欢它们。原因嘛，这四个小凳子是我父亲亲手为我打制的。

②时间回溯到1987年。这年春天，我结婚了，婚礼是在老家举行的。我虽然刚到单位工作了两年，时间不长，但单位的人很好，

还是在职工宿舍里，给我腾出一间房子，作了我的新居。一年后，我有了自己的女儿。一次，父亲跟几个乡亲进城办事，顺路到单位来看我。中午在家里吃饭，饭菜做好了，小饭桌也支起来了，但凳子却不够。我急忙到隔壁的同事那里去借，一连跑了三四家，才好不容易借到了几把椅子。那顿饭就这样凑合着吃完了，我也把这档子事给忘了。大约过了半个月吧，一天傍晚，我正和妻子抱着女儿在单位办公楼前的花园里散步，一位同事老远喊我："小高，你还不赶紧回去，你爸来了，拿了很多东西，在你家门口，进不了门。"我急忙回家，三步并作两步，上到三楼，果然父亲就站在我家门口。其时正值盛夏，楼道里很闷热，他正拿着一张折叠的报纸扇风呢。而他的脚旁边，则是一个大拉链包和穿起来的四个崭新的小板凳。我开门，赶忙把父亲让进屋，并埋怨他说："爸，这么热的天，您还跑？来时也不打个电话，我好去接您！"父亲说："我能走能行的，要你接干啥？再说，你吃公家的饭，出来接我也耽误事。我来也没啥事，上次到你这儿来，看着没有坐的，我回家做了几个小板凳，给你送来。"

③四个小板凳就这样落户到了我家。在最初的几年里，我总觉得这些凳子有些土气。我甚至觉得父亲有点多事，也不征求一下我们的意见，问一下我们需要不需要，就整了这些凳子过来。我想，如真的需要的话，我们自己会去买的。事实上，后来，我和妻子真的在商店里，买了两把电镀椅子。电镀椅子座位的面子是用红条绒布做的，看上去既新潮又喜庆。另外，椅子还是能折叠的，用起来很方便。从此，我就把四个小板凳摞到墙角，一任灰尘降落，一心一意地用起了电镀椅子。可是，好景不长，就是我顶喜爱的电镀椅子，却出了事。那年月，还属于改革开放初期，餐饮业还不像现在这样发达，人们习惯于在家中请客。一夕，我在家里招待几位要好

的同事吃饭，饭间，一人起身敬酒，待他落座时，那把椅子却散了架，把同事摔了个仰八叉，弄得我很没有面子。不得已，只好又把那四个小板凳拉出来用。你甭说，这些小板凳坐上去既结实又稳当，凡坐过的人都说舒服。从此，这四个小板凳就成了家里用得最多的东西，几乎天天用，吃饭时用，喝茶时用，洗衣服晾衣服时用……小女渐渐长大，这些小凳子，还成了她的玩具，她常常把它们并排放在一起，口里唱着从幼儿园学来的儿歌，当火车开。而我呢，也用久生情，逐渐地喜欢上了它们。我一看见它们，就想起了远在老家的父母亲，也渐渐明晓了父亲对我的那颗拳拳之心，那份殷殷之情。

④时光流逝，如今，我的发间已有白发滋生，而父亲也在五年前的那个秋天，永远地离开了我们。夜深时，我曾在梦中无数次梦到过父亲，但醒来后发现，这不过是尘世一梦。我明白，此生我是再也见不到他老人家了，此后要想感知父亲的气息，只能借助这些小板凳了。于是，闲暇时，我常常一个人搬一方小凳，坐在阳台上，喝喝茶，读读书，想想心事。而每每此时，我都会感到有隐隐的目光落到我的身上，这目光有几分深情，也有几分忧伤，如静静流动的水，覆没我的灵魂……

1. 根据文章内容填空。（5分）

看上去普普通通的_____，却是"我"的_____，因为它们是_____亲手为"我"打制的，里面饱含着他对"我"的一颗_____的心，一份_____的情。

2. 品味语言，回答下面的问题。（6分）

（1）请从表现手法的角度，赏析第①段画线的句子。

在西安寄居的这些年月里，我曾城南城北、城东城西地，搬迁过好多次家，也曾扔掉过许多旧家具旧家电，就是我顶喜欢的书籍，我经过挑拣，也当作破烂，卖掉过一些。但我从来没有动过扔这四个凳子的念头。

_____

（2）结合语境，分析第④段中加点词语的表达效果。

夜深时，我曾在梦中无数次梦到过父亲，但醒来后发现，这不过是尘世一梦。

_____

3. 结合选文内容，试说说你对第④段画线句子的理解。（5分）

而每每此时，我都会感到有隐隐的目光落到我的身上，这目光有几分深情，也有几分忧伤，如静静流动的水，覆没我的灵魂……

_____

_____

4. 文章第③段主要运用了什么写作手法？请结合具体内容加以分析。（6分）

_____

_____

5. 结合全文内容，试说说文章题目"四个小板凳"在文中起什么作用。（4分）

_____

_____

城墙上空的风筝

名师导读 ▶

　　放风筝是春天里孩子们最喜欢的事情之一，在作者的笔下，不仅仅是孩童喜欢，中年人、上了岁数的老头儿都会放起风筝，那该是怎样的一种情怀啊！让我们去看看西安人是怎样放风筝的吧！

❶ 文章开头采用比喻的修辞手法，把放飞的风筝比喻成美丽的大鸟，生动形象地描写了风筝在天空飞翔的样子。

　　每年三月初前后，当迎春花在环城公园里烂漫的时候，西安的上空，总会飘荡起许多五彩斑斓的风筝。① 这些风筝因天高风疾，飞得很高，不但高过了普通的民居，而且还高过了雄浑、厚重的城墙，如无数美丽的大鸟，飘飘摇摇的，把古城的天空装扮得很美。和北京人一样，西安人也很喜爱放风筝。但西安人放风筝，多在春秋两季，不像北京人，一年四季都放。

这也许和西安的气候有关吧，春秋两季，西安的天空不但晴好，而且多风，这两样都极适宜放风筝。

西安人放风筝，多在护城河两边的环城公园里。这里不惟地势平旷，而且还有一些空地，以及一道宽阔的护城河，风筝起飞时，少受挂碍。一旦风筝飞起来了，上面可是无垠的天空，任其翱翔了。在护城河边放风筝的多为孩子，稍大点的孩子自己放，小点的由大人领了放，很少有大人放，他们没有那份闲心，也没有那份闲空。① 但这也不是绝对的，一年的早春，我在环城公园里散步时，就曾见一中年男子，在护城河边放风筝。风筝飞到一定高度之后，他将线轮固定在一丛迎春花旁，而自己则站在一旁悠然地抽烟，一会儿望望公园里的行人，一会儿瞅瞅枝头鸣叫的小鸟，只是时不时用眼睛的余光，不经意地瞟一眼自己的风筝。我不知道他那一刻在想什么，也许想到了自己的童年，也许想到了自己的孩子，也许什么也没有想。但我知道，他那一刻心灵是安静的、喜悦的，就像春风过后，护城河里泛起粼粼波纹的绿水。

也有嫌环城公园里太低，而把风筝拿到城墙上去放的。西安的古城墙高达四五丈，上宽亦有五丈左右，登临其上，可以一览西安城里城外的风貌。天气晴好时，不惟能望见南郊的大小雁塔，而且能隐隐地看见黛色的终南山。② 城墙上视野开阔，天高风疾，是放风筝的最理想所在，故为许多喜好放风筝的人所青睐。不尽人意的事是，如今的城墙已不似昔年未曾修

① 这是一处细节描写，描写了早春一中年男子在环城公园放风筝的情景，体现了男子对童年的追忆与永葆纯真的心。

② 描写城墙上的环境非常适宜放风筝，成为人们放风筝的首选，为下文的叙述做好了铺垫。

茸时的城墙，可以任意攀爬了。眼下的城墙经过二十世纪八十年代的修缮，已成了重点文物，登临需要收门票的。而且门票价格还不菲，需要四十元呢。这对于一般的放风筝人来说，实在是一件不划算的事。因此，城墙上尽管是一个理想的放风筝的场所，也只好望而却步了。但我是在城墙上放过一次风筝的。那是1996年春天时候的事。那时，我初到一个新单位工作，还没有分到住房，只好在小北门外的纸坊村赁居。这年春天一个周末的上午，我带了刚上小学三年级的女儿，以及房东的女儿（她们俩年纪相仿，在一个班读书），去到北城墙上放风筝。我们在尚武门（小北门）下买了风筝，然后购过票，沿着砖砌的甬道，奔跑上城墙。城墙上面真大真平呀，简直可以并行四辆大卡车。青砖墁地，堞垛如林。俯身堞垛旁，但见高楼林立，树木参差，公路如带，街巷如渠，让人目不暇接。尽管我来西安多年，但我一直未曾上过城墙，那一刻，我还是被震撼了。之后，我们便开始放风筝了。在城墙上放风筝，果然好放。风筝甫一升空，便借了风势，一个劲地往上攀，不一会儿，风筝便飞到了高空。

① 望着在天空飞翔的风筝，望着眼前欢笑的女儿，我一下子想到了我的故乡，想到了我在家乡原野上放风筝时的情景：春风浩荡，麦苗青青。原野上，孩子们奔跑、欢叫；天空中，风筝迎风飘飞……而这些已是多年前的旧事了。

2010年冬天，我到北京参加一个会议。一天上午，

① 作者和女儿一起到城墙上放风筝，让作者想到了故乡，想到了童年时期与同伴们一起放风筝的情景，体现了作者对童年的怀念之情。

趁会议的间隙，我和三位新朋友结伴去了一趟颐和园。^①当我们沿昆明湖畔迤逦而行，来到十七孔桥上时，我意外地看到，有两位老头儿，站在桥上放风筝。那天寒风凛冽，天气奇冷，湖面上结了一层厚厚的青冰。但俩老头儿却兴致盎然，有滋有味地放着风筝。我们被两位老头儿的兴致所感染，假装观赏湖上的风景，偷偷地观看了一阵子他们放风筝，之后，才又重拾残步，前往南湖岛。一路上我想，有这样贪玩的情致，这样的老人晚境该一定不会寂寞吧？

风筝在我们家乡也被称为纸鹞，尽管故乡离西安很近，也就三十多公里的样子，但我在西安三十多年间，似乎没有听到人这么叫过。^②不过，每年的春二三月，当西安的城墙上空飘飞起风筝的时候，我都会想起故乡的春天，也会想起春天原野上的纸鹞，以及在那里世代生活耕耘的乡亲们。而一想到这些，我的内心便会温暖起来，湿润起来。

❶ 此处描写作者在北京颐和园看到两个老头儿冒着寒风放风筝的情景，与前文形成呼应，北京人四季都会放风筝。

❷ 作者每逢看到风筝飞翔，就会想起故乡，想起故乡的风筝，想起故乡的人们，这些都一直温暖着作者的心，体现了作者对故乡的眷恋之情。

延伸思考

1. 北京人与西安人放风筝有什么不同？

_____

_____

2. 西安人会在什么地方放风筝?

_____

_____

3. 为什么说城墙上是放风筝的理想所在?

_____

_____

小南门

　　小南门是作者经常走过的一段街道，作者在文章中对小南门的光荣历史和名字的由来都做了详细的介绍，使读者对小南门有了更深刻的了解，作者为什么对小南门情有独钟呢？让我们去探究一番吧！

　　我是哪一年开始出入小南门的，已经记不清楚。但最迟在 1994 年，我开始频繁出入其间，则是肯定无疑的。这一年的春天，我考入了西安日报社。而西安日报社的旧址就在南四府街 9 号。从报社沿四府街南行约 100 米，就是小南门。若要出城办事，或者到环城公园散步，小南门便是必经之地了。四府街是一条古老、幽静的街道，两边种满了一搂粗的皂角树，春天，草木萌发，皂角树也抽出了新芽，起初是嫩嫩的鹅黄色的，很快，树叶便变大变绿，蓊郁成一片了。① 街道变绿了，人家的窗户变绿了，就连走在下面的行人，

① 采用比喻的修辞手法，生动形象地描写了春天街道两旁的皂角树发芽变绿，把一切都映绿了。可以看出这条街道被浓荫遮蔽。

也如走在绿色的长廊里，觉出无限的荫凉。不经意间，蝉开始叫了，夏天来临了，四府街上空的浓荫也更深了。皂角树结出了皂角，时光在流动，皂角在蝉声中逐渐变大。①接着秋风起了，蝉声没有了，皂角变黑变老了，风起处，老熟的皂角在风中摇晃、轻唱。随后便有寒风吹过，有雪花飘下，皂角树褪下了最后一片叶子，徒留下皂角在枝丫间在冷风中瑟缩。皂角树在四府街完成了它一年的梦。但人不管皂角树在做梦，他们一年四季在四府街奔走、忙碌，在小南门黝黑、厚重的门洞里流动，这里面，当然也有我的身影。但那时，一如众人，我对小南门并不了解。

我真正对小南门发生兴趣是在两年以后。我大学时的一位同学在市政协工作，那时毕业不久，没有多少拖累，同学间来往尚多，闲暇时，我便常到他那里去瞎聊。一次，在他的宿舍，我见到了一大摞《西安文史资料》，当时不在意，只是随手翻了翻，但一翻就放不下了，书中记载的文史掌故及历史事件，深深地吸引了我。我便要把这套书借回家看。不想，同学说这套书是他们编辑的，见我喜欢，干脆送了我一套。回家闲翻，便从中得知了小南门的来历。②原来小南门是抗战期间，住在城墙内的西安市民为了便于出城躲避日寇飞机的轰炸开辟的，历史并不久远。小南门原来也不叫此名，而是叫勿幕门，原因嘛，辛亥革命胜利后，井勿幕将军曾在四府街住过多年。人们为了纪念他，将四府街唤作将军街，而小南门也便相应地唤作了勿幕门。勿幕门叫起来有点拗口，因其在南门

❶ 采用拟人的修辞手法，生动形象地描写了老熟的皂角随秋风在枝头摇曳的样子，与春季时的生机勃勃形成鲜明的对比。

❷ 此处介绍小南门的历史和名字的来历，体现了小南门所经历的风风雨雨，为下文做好了铺垫。

以西，老百姓干脆便叫作了小南门。

知道了小南门的来历，之后，每次再经过小南门时，我便加意对小南门注意起来。①小南门原来是由古旧的城砖券起来的独门洞，不高，也就是两丈高的样子；宽度看上去有一丈多，行驶一辆小轿车绰绰有余，但要并行两辆，就不行了。小南门的城砖黝黑，有一种幽微的亮光，一看就是经历了数百年风雨的砖。这些砖有的是开挖小南门时遗留下的，有的则是别的地方的砖，但有一点是无疑的，它们都是西安城墙的老砖。小南门的历史尽管还不到百年，但有了这样的砖券起的门洞，小南门和城墙便很统一地协调起来，看起来一下子似乎就有了数百年的岁月，沧桑而沉重。闲暇时，我爱在小南门里穿来穿去，喜欢用手去触摸老旧的城砖。从这些城砖上，我感受到了那些逝去的历史，也觉出了时光的无情。

②小南门内路西，紧贴城墙的地方，过去有一家葫芦头泡馍馆，店面门脸不大，也就是两间房的样子，但其所做的葫芦头泡馍味道却非常的地道，汤浓肉鲜，馍白筋道；其所熏制的梆梆肉系用柏树枝熏烤而成，吃起来油而不腻，馨香满口，是下酒的妙物，也很有名。那时，物价还不像现在这样贵，葫芦头和梆梆肉的价格也不高，我便隔三岔五地和朋友去这家饭馆吃饭、喝酒。大约是 1988 年夏天吧，诗人阵容从北京来西安组稿，他那时是《中国建材报》的文艺部主任，我当时在省一家建材厂工作，业余时间好划拉两笔，我的许多稿件就是经过他的手编发的。其中一篇小说《癌》

❶ 此处介绍了小南门的结构、样子、大小，以及建造所用的城砖，处处显示着小南门的历史痕迹。

❷ 此为细节描写，描写了临近小南门的葫芦头泡馍馆所做的葫芦头泡馍非常地道，为下文请朋友来此吃饭做好了铺垫。

还获得了该报举办的首届"五色石"征文一等奖。我陪他去了大雁塔，去了兵马俑，最后一天的中午，我专门陪他到小南门里的葫芦头泡馍馆吃了顿泡馍。尽管阵容先生是北京人，却吃得很尽兴，一点也没有吃不惯的意思。饭后，我们从小南门一侧登上城墙，一路向东，边聊边欣赏城墙内外的风光，一直走到和平门，方下了城墙，折向碑林。① 如今，阵容先生已谢世，每每从小南门经过，我都会念及他给予我的帮助，也会思念这位已逝的朋友。就是那家葫芦头泡馍馆，由于城市改造的原因，也搬到了报恩寺街。尽管报恩寺街离小南门不远，但还是让人有时光交替、物是人非之叹。

② 小南门的外面是环城公园和护城河，下班后或中午休息时，我常爱到环城公园里去散步。春夏，这里花事很繁盛，迎春花、桃花、杏花、李花、丁香花、玉兰、紫藤、石榴、紫薇……次第开放，行走其间，呼吸着带有花香的空气，看着面前高耸的城墙，看着市民在里面悠闲地散步、锻炼，你会觉出，生活在这座城市真是美好。在黄叶飘飘的日子，在落雪的日子，漫步环城公园，也别有一番诗意与浪漫。我有时向东走到朱雀门、南门，有时向西走到含光门、西门，但无论如何，最终都会沿原路返回，走进小南门，回到我工作的单位。③ 小南门已成了我生命中的一个符号，我想，今生不管走向哪里，我都不会忘记小南门的，我的梦中，都会闪现出它魅人的影子的。哦，小南门！

① 每经过小南门，作者总会想到阵容先生给予自己的帮助，可见作者是一个感恩之人，也体现了作者对阵容先生的怀念。

② 描写了小南门紧邻环城公园和护城河，确实是一个好地方，此处不仅历史悠久，而且环境优美，体现了作者对此地的喜爱之情。

③ 文章最后作者直抒胸臆，表达了小南门对于自己人生的意义，并表示会永远铭记小南门，体现了小南门在作者心目中的重要地位。

延伸思考

1. 作者在描写四府街皂角树的时候从哪几个方面进行了描写？

_____

_____

2. 作者是如何对小南门发生兴趣的？

_____

_____

3. 小南门又叫什么名字？

_____

_____

粉　巷

名师导读 ▶

　　粉巷，提到这个名字好像让人捉摸不透，为什么称之为粉巷？不得而知，作者也不想去深入探究这个问题，自此留给读者无尽的遐思。粉巷里到底有什么会如此吸引作者？我们去看一看吧！

❶ 文章开篇就点出了粉巷——这个令作者非常难忘的地方，激发了读者的兴趣，引出了下文。

　　①在西安生活的三十年时间里，让我不能忘怀的地方很多，粉巷就是其中的一个。有人说它昔年曾是西安面粉的集散地，还有人说它过去是这座古城的青楼所在地，谁说得清？这是一条东西向的小巷，东连南大街，西接五味十字，也就一公里的样子。但就是这条不长的小巷，却聚集着西安一些很重要的机关单位，西安市委就在这里，此外还有西安市卫生局、市第一人民医院等。但我记住这里不是因为它们，而是因为古旧书店、德福巷和街道两旁的绒线花树。

　　我打小喜欢读书，尤其喜欢读古典著述，这样就和古旧书店结下了不解之缘。古旧书店在市委的对面，市委居北，古旧书店居南。过去南院门西边还没有盖楼时，如果你在市委上班，又恰好在南楼办公，于办公之余，喝口茶，活动一下筋骨，不经意地往南一瞥，透过南院门广场前的绿树，就可看见西安古旧书店静静地蹲踞在那里，优雅而朴素。① 古旧书店门脸不大，有三四间铺面那么大，中开一门，门头高悬一匾，上书由鲁迅先生题写的店名：西安古旧书店。字是雕刻上去的，黑底绿字，不扎眼，和房屋上的青色小瓦搭配起来很协调，显得典雅而庄重。我是什么时候开始出入古旧书店的，已经记不清楚了。但至少在 1986 年前后，我已来过这里则是无疑的。因为，在我藏书里有一册《曹全碑》字帖，上面标注的购买时间和地点就是此时此地。我那时大学刚毕业不久，分到一家企业的宣传部工作，看到一位同事写毛笔字，且写得很好，一时心热，来了兴头，也练起了书法。不过，那次练毛笔字也和我以往的许多行为一样，也是虎头蛇尾，一阵风，唯一的纪念就是留下了这册《曹全碑》，至于笔墨纸砚，则早已丢得无影无踪。

② 尽管不练书法了，可逛古旧书店的行为却没有终止，甚至随着岁月的流逝，年岁的增加，反而更加地狂热了。我在企业工作时，一周最多到古旧书店也就一次，因当时工资低，故而买的书也不多，所买的书大多是经过了千挑万选的。1990 年，我调入了市内工作，前往古旧书店的机会一下子变得多了起来。尤其是 1994 年进入西安日报社工作后，因单位在四府街，

❶ 此处作者详细介绍了古旧书店的大小、匾额以及匾额上所刻的鲁迅先生题写的字，体现了作者对古旧书店的喜爱之情。

❷ 这是一个过渡句，既总结了上文练书法的情况，又引出了后文去书店的事情，具有承上启下的作用。

距古旧书店也就五百米的样子，抬抬脚就到，到古旧书店去的次数就更加频繁，一周能达到三四次之多。① 中午吃过饭，或独自一人，或和两三个好友，踏着树荫，顶着一路的市声，溜达到古旧书店里，如一尾鱼，游弋在书架边，无声无息地随意翻动着一本本书籍，那种快乐如春雨过后在田间行走，其欣悦、惬意之情可以想见。当然，书也买了不少，二十多年下来，我家里已聚集了三四书架书，这些书，最少有一半就来自古旧书店。我所喜欢的汪曾祺先生的《蒲桥集》《晚饭花集》《受戒》《旅食集》《晚翠文谈》，以及《史记》《汉书》《三国志》《聊斋志异》《东坡志林》等，都是陆续从古旧书店购买的。因为去得勤，便也有空手的时候。在书架前转悠了半天，结果一无所获。不过，这种情况不多。

逛过了古旧书店，我有时会沿粉巷东行，去德福巷，找一家茶楼坐坐。德福巷是一条斜斜的小巷，它北接粉巷，然后一路向东南方向斜去，一直通往湘子庙街。② 其巷名的意思为"仰德而获福"，仰何人之福？八仙之一韩湘子也。德福巷的南口有湘子庙，传说是唐代韩湘子修道成仙的所在。这条小巷比粉巷还小还窄，不到三百米，但却别具风情。整个小巷街道纯用青石铺就，街两边也种的是绒线花树，透过稀疏的树枝，可以看到，街两边全是茶楼、咖啡屋、酒吧。这条小巷虽处于闹市，却无车马的喧闹，显得极为宁静，且有一种悠闲的浓浓的文化氛围。夏日午后，一个人走进茶楼，选一临街的座位坐下，泡一壶茶，然后挥

❶ 此处为心理描写，作者巧用比喻的修辞手法，生动形象地描写了作者逛书店时非常愉悦、惬意的心境。

❷ 此处引用了八仙之一的故事传说，为小巷增添了一抹神奇的色彩，激发了读者的兴趣，增强了文章的表达效果。

去服务生，静静地品饮，想想心事，想想自己心仪的人；或者，拿一册有趣味的书，边啜边读。此时，有微风透过绒线花的花叶，轻轻吹来，有蝉儿在叫，不觉心怀大畅，觉出人世的无限美好。而薄暮时分，华灯初上，夜风徐来，灯光在花叶间摇曳，和二三好友，慵懒地坐在茶楼，边品茗边聊天，谈谈读书写作，谈谈人生，则别具一种风味。① 如果是在秋日，又适逢下雨，独自在德福巷里散漫地走，听雨声滴答，看雨滴在青石板上跳跃如珠，或独坐茶楼，心绪则会一下子变得萧索、散淡起来，不由让人生出"抱瓮灌秋蔬，心闲游天云"的心思。在德福巷所有茶楼中，我最爱去的是福宝阁，这家茶楼就坐落在德福巷的北口，因文化人来得多，文化味道浓而出名。我就曾在此参加过诗人第广龙兄的诗歌朗诵会。② 那是前年七月一个周日的上午，那时，粉巷和德福巷街边的绒线花正开得如火如荼，远远望去，若彤云丹霞。那日的朗诵会也开得很成功，本地的很多诗人都来了，大家在一块儿喝茶、弹古琴，朗诵诗歌，极为开心。

　　粉巷里还有几家卖吃食的，如春发生的葫芦头、牵人麻辣粉等，都是一些很有特色的小吃，好吃而不贵，这也是吸引我常来这里的一个原因，但绝对不是主要原因。③ 我至今仍爱在粉巷闲转，无论春夏秋冬，也无论刮风下雨。我喜欢这条小巷的历史，喜欢它的热闹，但我更喜欢它的宁静与诗意。

① 生动描写了独自一人在秋雨中漫步德福巷的情景，雨声滴答、雨珠跳跃，快节奏的生活一下子会慢下来，散淡的心境油然而生，也不失为一种美的享受。

② 生动形象地描写了绒线花盛开的场景。

③ 文章结尾作者直抒胸臆，表达了对粉巷的喜爱之情，喜爱粉巷的历史、热闹、宁静与诗意。收束全文，韵味十足。

延伸思考

1. 粉巷里有作者钟爱的古旧书店，古旧书店是什么样子的呢？

_____

_____

2. 文章描写作者在书店浏览的时候，采用什么修辞方法？

_____

_____

3. 文章结尾作者直抒胸臆表达了怎样的感情？

_____

_____

西安的早春

名师导读 ▶

　　早春，乍暖还寒的时节。可是就有什么不惧寒冷，向人
们报告着春的信息。如作者笔下的西安人放飞的风筝、城墙
下一<u>丛丛</u>迎春花，环城公园的黄色蜡梅花等都给人们带来了
春的希望……

　　当渐次增多的风筝，在城墙上空高飞时，西安的
早春便来临了。和北京人一样，西安人也有放风筝的
习惯。是不是凡做过都城的地方，那里的人都喜好放
风筝呢？这个问题，我没有考证过。反正，西安人是
喜欢放风筝的。① 早春，冬的淫威还没有完全退去，
黛黑色的城墙兀立在冷凝的风中；顺眼一瞭，护城河
里还结着薄冰；人们的冬装还穿在身上；环城公园里，
草还没有发出嫩芽，树木的芽苞还没有绽放……一切
似乎还在冬的控制之下，但就有风筝在天空上飘飞了。

❶ 写出了早春的
寒冷萧瑟。

❶ 早春，一切还在冬的控制之下，只有天上的风筝在自由自在地飞翔，人们看到飞翔的风筝，就知道春天已经来了，可以看出风筝就是报春的信使。

天是浅灰色的，尽管有太阳，但不那么明媚。① 天幕下，明媚、亮丽的便只有这五彩的点点风筝。在街上步行的人，看见了这些风筝，于是舒一口郁积了一个冬天的浊气，喃喃道："哦，春天来了！"

　　其实，透露出西安早春气息的，还有迎春花和蜡梅。漫步环城公园内，不经意间，你会被城墙下的一丛丛迎春花所吸引。那些充满着绿色汁液的枝条上，尽管花儿还没有完全绽放，但花蕾已大多裂开，向外吐露着馨气了。② 也有一朵两朵完全绽开了的，金黄色的，在寒风中抖擞了精神，大胆地努力地向外开着，世界因了它们，便鲜亮了几分。还有蜡梅，这个时节里也是热烈地开放着的。

❷ 采用拟人的修辞手法，生动形象地描写了迎春花不惧严寒努力绽放的样子，为人们报告着春的信息。

　　西安的环城公园里蜡梅很多，但大多分散着，如不注意，极易被错过去。倒是南门附近，有那么一片梅林，总有四五十棵吧，夏日里，枝叶纷披，着一身绿妆。不过，极难分辨是梅林，因这个季节，万木皆荣茂着，到处是一片绿色。就是这些夏日里普通的梅树，明人钟惺却从中读出了别样的况味，并特别写了一篇妙文《夏梅说》。"梅之冷，易知也，然亦有极热之候。冬春冰雪，繁花粲粲，雅俗争赴，此其极热时也。三、四、五月，累累其实，和风甘雨之所加，而梅始冷矣。花实俱往，时维朱夏，叶干相守，与烈日争，而梅之冷极矣。故夫看梅与咏梅者，未有于无花之时者也。"我辈非趋炎附势者，对夏梅也充满了敬意，但既是俗人，便须从俗，早春的蜡梅还是要看的。故初春时分，我常于中午休息时分，踱进环城公园里，在梅林里流连一番，看淡黄色的紫红色的蜡梅花热闹地开着，呼吸着春天的气息，心里是安静的。

　　西安早春时节，还有两处看梅的好地方，一处在长安的杜甫祠堂，一处在户县的孔庙里。杜甫祠堂在少陵原畔，和牛头寺、杨虎城将军烈士陵园毗邻，是登高望远，饱览樊川、终南山秀色的好所在。①祠堂内有一棵老梅，枝干粗大，据言是明代物。一年冬天，花开时分，我专门去看了一次。花是有的，可不繁盛。也许这棵梅树太老了吧。户县孔庙里的一棵蜡梅也是明代物，它开花时的情形我没有见过，但见过其夏日时的样子，干粗叶茂，旺盛极了，很能为钟子之文作一番佐证。

　　②西安早春里也许还有很多物事，譬如到灞河边观柳等，但我记忆最深刻的只有这几样。事实上，这个季节，到郊外走走，到终南山下走走，看看行将返青的麦苗，看看解冻的春水泛起的碧波，都是蛮写意的。可惜的是，现在还在残冬里，离二月还有一段时日。

❶ 此处这一细节描写了作者专门去看祠堂内明代的一棵枝干粗大的老梅，可以看出作者对梅花也是喜欢的。

❷ 文章最后总结全文，叙述了西安早春令作者印象深刻的这几样事情，使文章结构完整。

延伸思考

1. 文章开篇采用什么方法，激发了读者的兴趣，引出了下文？

_____

_____

2. 西安人早春放飞的风筝其实就是人们心目中的什么？

3. 初春时节，作者常到环城公园去看什么？为什么？

环城公园

名师导读 ▶

　　环城公园是西安市有名的公园，也是作者除植物园外最喜爱的公园。他喜欢公园里的树木、花草、鸟儿以及这里的人们，可以看出作者对这里充满了深厚的感情。

　　在西安的这些公园里，除了植物园外，我最喜欢的，大概就数环城公园了。自打进入社会以来，我的工作虽数经变化，但单位都离环城公园不远。尤其是调到西安日报社工作后，和环城公园的距离，简直是近在咫尺，也就是几十米的样子，可以说抬抬脚就到。① 这样，我就能常在环城公园里散步、溜达，我喜欢环城公园里郁郁葱葱的树木，更喜欢这里各种各样的花。至于凝重、古朴的城墙，以及在里面消闲的人们，也都是我喜欢的。还有鸟儿，栖息在这里的各种鸟儿，麻雀、斑鸠、喜鹊……它们出没在青枝绿叶间的身影，它们优美、清丽的叫声，也让我心生喜悦。

❶ 此处采用递进的方式，描写了作者所喜欢的环城公园里的树木、花儿、人等，体现了作者是一个热爱生活、热爱这个城市的人。

❶ 此处作者插入了三十多年前环城公园的样子，与现在的公园形成鲜明的对比。

❷ 这是一个承上启下的过渡句。既总结了上文环城公园以前因治安问题游人稀少，又引出了新千年以后环城公园发生了巨大的变化。

① 三十多年前，我刚到西安的时候，也曾来过环城公园，但那时的公园远非今天的模样，尽管公园里也有一些老树，可更多的是荒草、乱石。人行走其间，感受最多的是，这里还有一些野趣。那时，西安的治安也不是太好，傍晚和夜间，公园里常发生一些劫案，有抢夺案，更多的则是强奸案。十天半月，人们常会看见，有穿着公安制服的人在公园里出没。他们要么是在公园里巡逻，要么是在勘查现场。总之，那一段时日，这里不大太平，就是白天一个人走在园子里，心里也是慌慌的，生怕碰到了拦路的歹人，或者碰瓷敲诈的。我至今还记得异常清楚，1997 年前后，我在长安路派出所采访时，民警夜间还在南门西边的公园里，抓获过一帮抢劫的歹徒。

② 西安的环城公园真正变得祥和起来，我想应该是在新千年以后吧？公园经过修葺，又取消了门票制度以后，这里的人气一下子旺了起来。从早到晚，公园里人流不断，有健身的、谈恋爱的、散步的，还有下棋的，闲唠嗑的，无所事事的。这里简直成了市民们的乐园，他们在工作、劳作之余，在公园里尽情地释放着自己的快乐。也就是打从这个时候开始吧，我喜欢上了环城公园。闲暇时，我常一个人，或随一二好友在公园里溜达。一首歌里唱道："城里不知季节的变化"，但你如果经常在环城公园里散步，则无此之虞，因为，季节就在你的眼皮底下发生着变化。落雪了，蜡梅花顶着寒风，迎着雪花开放，蕊寒香冷蝶难来，这是冬天来了。但冬天来了，春天还会远吗？于是乎，

在随后的时日里，你便看到了迎春花黄灿灿地开放了。
①西安的环城公园里，迎春花生长得最好的地方，当数朱雀门附近。不管是门东还是门西，高坎上都种植着一丛丛迎春花，早春二月，继蜡梅花之后，次第绽放，向人们报告着春天的讯息。这些迎春花在这个季节里，通体墨绿，从每一根枝条到每一片叶子，都充满了生命的浆液，望去生机勃勃，活力无限。那金灿灿的花儿，尽管小小的，但在万木还没有复苏的时节，也会让人眼前一亮，心头充满喜悦的。在随后的日子里，桃花、李花、杏花、玉兰、樱花、牡丹、丁香花……各种各样的花儿都开了，环城公园里花事繁盛，春意盎然。
②连鸟儿也活跃起来，燕子在柳树间穿梭，喜鹊在古树上喳喳，而麻雀更是快乐地飞来飞去。行走其间，人鸟俱乐，但乐却不同。

　　夏天是在蝉儿的鸣唱声中来临的。这个季节里，如果在环城公园里散步，你会被浓重的绿荫所包围，尽管头顶骄阳似火，但公园里却是一地的荫凉。在公园里走累了，独自坐在紫藤架下，嗅着幽幽的花香，微风吹着，闭目休憩一会儿，你会觉得自己简直成了神仙。至于秋天，环城公园里更是异彩纷呈，且不说秋风忽来，吹皱护城河里的清水，单是如蛱蝶般纷纷飘下的黄叶，便让人遐想万千，喜悦不尽了。国画家赵振川先生家在文昌门外住，作画之余，他也时常于晚饭后到环城公园里漫步，有时和朋友，有时和弟子。我因和他的多个弟子有交往，又和他是朋友，故也多次和他在公园里闲步过。③一次，他谈过绘画，谈过自

❶ 这是一处生动的细节描写，描写了环城公园里朱雀门的附近迎春花开得最好，迎春花的绽放，像预示着春天已然来临，给人以希望。

❷ 这里是一处动态描写，描写了环城公园里鸟儿们叽叽喳喳、欢呼雀跃的样子，寥寥几笔，把鸟儿们写得活灵活现。

❸ 这里引用了国画家赵振川先生对环城公园的赞叹。侧面反映了环城公园的美。

己在陇县的插队生活之后，忽然来了一句："环城公园里真是一个季节的长廊，色彩的长廊啊！"我不知道他当时看到了什么，想到了什么，但先生所言，绝非虚语。

新年刚过，迎春花还没有开放，环城公园里还有些冷，但午饭过后，我还是走向了环城公园。因为，城头上已有风筝在飘荡了，而每年冬天过后，只要有人放风筝，紧接着，春天便来了。

延伸思考

1. 文章开篇采用什么手法，点出了作者最喜欢的是环城公园？

_____

_____

2. 作者以浓重的笔墨介绍了三十年前的环城公园，有什么意图？

_____

_____

3. 文章结尾描写了新年过后城头上飘荡的风筝，作者想要表达什么？

_____

_____

文昌门

文昌门是西安城内一条有名的街道，文章开篇简单介绍
了作者频繁出入文昌门的原因。还详细介绍了文昌门名字的
由来，显示了西安深厚的文化底蕴。让我们也跟随作者的笔
端，去感受一番这座古城的悠久文化底蕴吧！

①我频繁地出入文昌门，也就是近四五年的事。原
因吗？我新结识了两位画家朋友，一位是王归光，住
在文昌门内的五龙大厦；一位是于力，住在文昌门外
的仁义巷，他们都是国画家赵振川先生的入室弟子，
数十年孜孜以求，精研山水画。二人性情淡泊，不求
闻达，绘画之余，又好吃两杯老酒，与我心相契，这样
认识之后，便来往上了，且关系一日密似一日。一周
之中，我们总要见上一两次面，有时在中午，而大多
数时间，则在斜晖满地的下午，或晚饭之后。这段时

❶ 文章开篇巧用
设问的修辞手法，
解释了作者之所以
频繁出入文昌门的
原因，为下文做了
铺垫。

173

日，他们作画一天，要缓口气休息一下，我也恰好下班，正好相聚。有了这点因缘，我便得以经常到文昌门附近去。

我去文昌门，一般都是步行。路线嘛，有两条。一条是出小南门，沿环城公园，一路向东，至文昌门。另一条是走湘子庙街，穿过南大街地下通道，经书院门、碑林，抵达。这两条线路都不恶。走环城公园，可以看看四季次第开放的鲜花，听鸟鸣，呼吸郁郁葱葱的树木散发出的气息，得一些幽趣；走湘子庙街、书院门，则可看看沿途画店里摆出的字画，娱目怡情。① 不过，相比较而言，我则更喜欢走环城公园，我觉得那里离自然更近一些，也更让我心中惬意。无论走哪条线路，用时都不会超过半个小时。既健了身，还不会太累。

② 文昌门我过去当然来过，记忆里，第一次到文昌门，应当是在1983年前后吧。我在南郊翠华路上的一所学校里读书，读书之余，几位喜好文学的同学心热，共同发起成立了"曲江诗社"，还办了一份油印的期刊。那时大家都穷，无钱，为了给诗社筹措经费，有位同学想了一个点子，卖报，搞一点勤工俭学。大家觉得此办法可行，于是商量来商量去，最终决定卖《法制周报》。之所以决定卖该报，一个重要的原因是，这张报纸案例多，有看点，老百姓喜欢看。法制周报社在下马陵，刚好在文昌门内路东，这样，我们便骑了自行车，去了文昌门。那时的文昌门还没有经过修葺，破败不说，还是一个豁口子。③ 至于为何叫文昌门，

❶ 此处采用对比的修辞手法，生动描写了作者非常喜欢走环城公园这条路线，因为那里的花儿、鸟啼、树木所散发的气息，都令作者十分惬意。

❷ 这里插叙了作者1983年第一次到文昌门的事情，引出了下文。

❸ 作者介绍了文昌门名字的由来，引用了西安的文史资料，增强了内容的可信度，也增强了说服力。

是多年之后，我翻阅了西安的文史资料才知道的。原来这里的城墙上，昔年曾建有魁星楼，是西安城墙上唯一一处与军事防御无关的设施。魁星系二十八星宿之一，古代传说是主宰文运兴衰的神，被人们尊称"文曲星""文昌星"。如果被他的朱笔点中，就能妙笔生花，连中三元，成为状元，所以，古代孔庙、学府里都建有供奉香火的魁星楼。明清时的西安府学和孔庙建在城墙旁边，也就是今天的碑林博物馆所在地，魁星楼也便顺势建在城墙之上。自然，我第一次来文昌门时没有见到魁星楼，因魁星楼和文昌门一样，都是1986年后才修建的。

我步行到文昌门，和王归光、于力兄会和后，我们要么去他们的画室喝茶聊天，要么到环城公园里散步，但更多的时候，则是到附近的小酒馆喝酒。^①文昌门内街道两边全是鲜花店，但也有几处吃饭的好所在，比如，碑林博物馆后面的老蒲城饭店，柏树林附近的魏家凉皮店、木屋酒店等，凉菜、热菜都有特点，味道都很不错。我们踅进店里，要三四盘凉菜，要一瓶白酒，便有滋有味地吃喝起来。归光兄属真正的饮者，他酒量好，几乎每天都喝，但每次都喝至恰到好处，似醉非醉，微醺而已。而于力兄和我也能喝上几杯。因此，一瓶酒便在不知不觉间，很快喝光。酒罢，我们有时会返回于力的画室，在那里坐坐。而这种时候，二人常常技痒难熬，会借着酒劲，乘兴画上那么一幅两幅小品。这些山水小品，比平日更加率性、灵

❶ 作者介绍了文昌门内街道两边的店铺：鲜花店和饭店，为下文与友人喝酒做了铺垫。

动，有意气，我常常会携之而去。我的藏画中，有十多幅扇面，就是这样得来的。闲暇时，我偶尔一边检视、把玩这些小品，一边回想着我们之间的友谊，心里就感到无限的愉悦。

① 这里介绍了作者喜欢去文昌门的另一个原因，是一个小书店，书店里的书籍很符合作者的口味，可以看出作者的读书品位。

①我喜欢到文昌门去，还有一个原因，这就是柏树林街道路东，有一家名字叫博文的小书店。这家书店虽然不大，但店里经营的书籍却极有品位，学术、史料价值高，很合我的胃口。几年间，我先后在此购买了五六十种书，计有《大家小书》《张大千家书》《板桥论画》《东坡题跋》等。这些书几乎成了我的枕边书，许多的长夜里，就是这些书籍陪伴我度过的。我在这里还见到了我的学兄邢小利主编的文学刊物《秦岭》，以及他的一幅书法作品。书法作品为四尺竖条，上书宋人邵定的《山中》诗："白日看云坐，清秋对雨眠。眉头无一事，笔下有千年。"我便猜想，这位书店老板一定和我的学兄很熟，一问，果然。这样，此后，再逛这家书店时，我便觉出几分的亲切。

文昌门外路西的环城公园里有一架紫藤。每年花开时节，香飘数百步之外，惹得蜜蜂夜间都忙着采蜜。去年夏日的一夕，我和一友酒后闲步，途经此地，适逢紫藤花开。我们俩坐在紫藤架下闲话，竟聊到了后半夜。那晚夜色如黛、月明星稀、清风徐来、香气满鼻。至今忆之，恍如梦中。

延伸思考

1. 作者频繁出入文昌门的原因有哪些?

_____

_____

2. 作者去文昌门有哪两条路线?

_____

_____

青龙寺

名师导读 ▶

　　青龙寺是西安附近有名的寺庙，也是作者非常喜欢的寺庙。作者每年都会去青龙寺，那里环境优美，玉兰、樱花、竹林、诗廊都是作者经常光顾的地方，作者对这里情有独钟，让我们也赶紧去青龙寺一览吧！

　　近几年来，我每年都要去青龙寺一两次，有时是陪人去，有时是一个人去，但大多数的情况下都是一个人去。原因嘛，我喜欢这里的清幽。西安周围，寺庙、道观很多，我去过一些，就我的感觉，荒山僻寺要比一些名头大的寺庙好。这些小寺，除了少俗世气外，还更接近修行的本真，荒凉、僻静，少有人踪。就连住在这些道观、庙宇里的人，也少物欲、多虔诚，从而让人心生敬意。①但青龙寺例外，它虽名气大，是佛教里密宗的祖庭，又有惠果、空海等在此修行过，幽静则和荒山野寺有共同处，这便让我心生喜欢，也

❶ 简要叙述了作者喜爱青龙寺的原因。

更愿意去接近、亲近它。

　　一般的情况下，春天里，我是一定要去一次青龙寺的。这个时节，樱花开放，去青龙寺游赏的人很多。青龙寺的樱花是很有名的。我当然不能免俗，也愿意到青龙寺赏一下樱花。① 和多数人节假日去青龙寺不同，我选择的是上班时日的中午，打车去青龙寺转悠一圈，然后再回来上班。好处是少了游人多的困扰，遗憾的是时间太短，刚看一个多小时，就得返回。好在青龙寺不大，一个小时游览一番，足够了。我到青龙寺后，多数是在寺里信步乱走，有时在池水边驻足一会儿，看看微风吹过水面泛出的波纹，看看水中自由自在、游来游去的金鱼，还有池边新生的春草。有时则去看玉兰，看樱花。这两种花的开花时节好像差了那么一点儿，玉兰要早三五天，樱花则要靠后一些。我去观樱花时，玉兰花尽管还开着，可似乎已有了一些败意，个别花瓣已发暗、变黑，开始陨落了，但樱花开得正当时，红的、白的，花团簇拥，云蒸霞蔚，看上去极其艳丽。青龙寺里的樱花据说有上千棵，1987 年的春天，我曾随同学观赏过一次，那时的樱花树刚栽植不久，树还不大，花也不多，远不是如今这种恣意、放纵、随意烂漫的样子。② 让我感叹的是，那时同学情深，来往密切，中间也少有疙瘩。而数十年过去，红尘十丈，人世沉浮，同学间已少有来往。当初的那份清纯也早已随着岁月的流逝，消失殆尽。

　　我还喜欢在竹林和诗廊边流连。在竹林边，我会

❶ 描写了作者选择去青龙寺的日子的与众不同，作者喜欢在工作日的中午，主要是游人少，可以看出作者喜欢安静的环境。

❷ 作者直抒胸臆，感叹往时同学间纯真的感情，而时光荏苒，那份纯真已消失不再，表达了作者深深的遗憾。

选一块石头坐下来，抽支烟，听春风掠过竹叶发出的沙沙声，想想苏子瞻和板桥居士写竹的妙文，让翠竹的清芬一直流淌进心底。在诗廊边，我自然是将刻在碑石上的诗，一首一首地读下去了。这些诗大多和乐游原有关，和终南山有关，有的诗我喜欢，有的诗太头巾气，我不喜欢。① 在这些诗中，最著名的，当然要数李商隐的《登乐游原》了，"向晚意不适，驱车登古原。夕阳无限好，只是近黄昏"。历来的论者都以为诗写得大好，就是有些消极，但我则以为，诗写出了诗人当时的心境，写出了对人生的眷恋，有真情。至于消极吗？谈不上。诗人顶多有点儿消沉而已。但人生在世，一生中谁又没有消沉过呢？游玩累了，一个人来到寺南，选一清幽的所在坐下，望寺下的万家人烟，远眺苍茫的少陵原、终南山，想一想这里的历史，以及那些久远的人事，让疲累的身心休息一下，心里便感到一种无限的宁静。

乐游原昔年曾是西安周围最高的地方，我想，如果不算一些拔地而起的高楼的话，它今天应该还是最高的吧。地方高旷，则风势强劲，故而每年春天，这里放风筝的人很多。出青龙寺，驻足乐游原上，看看满天飘飞的风筝，也让人心情大畅。② 1993 年的春日，周末无事，我曾带五岁多的女儿游览过一次青龙寺。游寺完毕，我和妻子带着女儿在乐游原上挖荠菜，那时这里土地空旷、空气清新，原上还有大片的麦田，麦田中有星星点点的油菜花在风中招摇，数十年时光过去，如今这些已全没有了。只有春风不管这里的变

❶ 此处引用李商隐《登乐游原》的著名诗句，发表了自己的独特见解。作者不人云亦云，以自己独特的视角诠释了诗人的感情，可以看出作者非常有主见。

❷ 这里插叙了作者在 1993 年带女儿游览青龙寺的事情，以及事后带妻女挖荠菜的情景，体现了作者对田园生活的喜爱与向往，并感慨时光荏苒、物是人非的遗憾。

化，一年一年，还准时地踏着季节的节拍，光临乐游原，光临青龙寺，让寺里的樱花灼灼开放，又纷纷飘落，延续着一个亘古不变的梦。

延伸思考

1. 青龙寺有哪些与众不同？

_____

_____

2. 作者对李商隐的《登乐游原》有哪些不同的见解？

_____

_____

曲　江

名师导读 ▶

曲江在大雁塔的东南方向，在作者的记忆中，曲江荒凉萧瑟，但自然景色尚好，几十年后，曲江发生了巨大变化，这使得作者重拾雅趣，经常去曲江散步，并赞叹曲江的美丽景色，自豪感溢于言表。

曲江在大雁塔的东南方向，是唐代著名的宴饮歌乐之地。二十世纪八十年代初，我在西安南郊的一所学校上学，周日无事，我们三四个要好的同学相约了，没少到那儿去游玩。印象里，曲江那时很荒凉，除了大片的麦田，再就是离离的荒草，连树木都少见。①空气倒是很清新，春日里，天蓝云白，碧野千里，清风拂面，太阳朗照，阡陌上有羊儿在悠闲地吃草，一切显得是那么的和谐、安静。记得有一次，我们走得远，一下子走到了曲江村，也仅一些零零落落的房屋，没有花红柳绿，也没有青堂瓦舍。一个稍懂点地

① 描写了春日里一派安静、祥和的景象，体现了作者对曲江春日景色的喜爱之情。

理和历史知识的同学说，这个村庄的所在地，当时就是整个曲江最低洼的地方，也是曲江池的中心。如今，地面上连一滴水也没有，更不用说我想象中的曲江流饮了。一时，沧海桑田、白云苍狗地发了一通感叹。好在我们当时年轻，不愿多在这些和我们生活离得比较远的事上费功夫，感慨完后，依然快乐地过着日子。上课、读书、打球、郊游，生活虽清苦，但颇有乐趣。

①这种无忧无虑的日子没有过多久，我们就毕业了。一时，同学天南海北星散，我也分到西安南郊的一家企业工作。尽管企业所在地离曲江不远，但一则因为单位工作忙，二则因为曲江那时实在无甚可看，也就再没有去过曲江。曲江只作为一个符号，或者说一个历史遗迹，存在于我的记忆里。闲暇时，我更多的是从历代的典籍中，从唐诗映丽的诗篇里，寻找它的踪迹，想象它当年的胜景。

大约是 1986 年的晚秋吧，我的一位被分到西安北郊的同学来看我。我们在学校时关系一直很好，老家又都在长安，我家在樊川，他家在青华山下，一在东，一在西，相距虽有三十多公里，但同居终南山的北麓，面对共同的山水，心理上便很亲近。加之，都来自乡下，在校时，大家来往多，便成了至交，可以说亲如兄弟。上学期间，我们就彼此多次到过对方的家。一年的暑假期间，他还陪我去了一趟青华山。②当时的情景，至今还依稀记得，山下有大片的栗树林，有潺潺而流的小溪；山上有青翠欲滴的竹林，有庙宇，还有一个巨大的睡佛；山顶则有一棵虬枝飞动的苍松。有这样

❶ 这是一个过渡句，既总结了上文，又引出了下文，具有承上启下的作用。

❷ 此处运用景色描写并描绘了在青华山的所见所闻，如此美景令人心中愉悦。

的交情，彼此自然相见甚欢。他在我这儿住了一宿，第二天下午，我给单位请了假，一起去曲江东原上的春临村，到那里的一所中学看望我的另外一位同学。他也是我俩共同的好友。当时年轻，精神头好，我们向人打听了一下，得知春临村在我们单位的东面，有十多公里，便决定不走小寨、大雁塔、曲江村至春临村这条线，而是横穿曲江，徒步前往。于是，我们便从电视塔附近出发，走麦田、旷野，翻沟越坎，向春临村进发。①田野里四下无人，只有我们俩在匆匆地行。可以听到麦苗摩擦裤腿的沙沙声，可以听到我们微微的喘气声。不经意间，我们来到了一个大土堆旁，近前一看，竟是秦二世墓。②墓上生满酸枣、枸树，萧索至极。我们不由唏嘘，想那胡亥，生前享尽荣华奢靡，死后竟不如一个普通的草民百姓，墓堆矮小，清明寒食无人祭祀，只能寂寞地偏居僻地，与荒草狐兔为伍，也着实可悲。发完感慨，继续前行，从曲江西走到曲江东，走了整整一下午，直到暮色四合，我们才走到了曲江东岸，上到原上，找到了春临村。但我们要找的同学竟然不在，他有事进城去了。无奈，只好又踏着夜色返回，路上自然比来时辛苦了许多。只觉得曲江夜里的风很硬，月很小，旷野寂静得怕人。

自那次去过曲江之后，多年间，我再没有去过曲江，曲江在我的印象里已是非常模糊，只依稀从传媒上得知，曲江成立了开发区，建起了大唐芙蓉园、唐遗址公园，但总没有机会去转去看。大约两年前，因为身体日差一日，我强迫自己坚持散步。这年的一个春日，

① 此处以听觉为切入点，描写了麦苗摩擦裤腿的沙沙声和二人的赶路的喘息声，可以看出二人匆匆赶路的状态。

② 此处描写了胡亥坟墓的荒凉，虽贵为皇族，死后却不如平常百姓的坟墓，无人祭奠，体现了胡亥死后的悲惨。

我的一个朋友说:"你好爱散步,趁着天气好,咱们到曲江走走吧!"我们便徒步前往。多年未来,曲江已变化得我几乎不认识了。路好、建筑好、绿化好,但昔日的麦田、已荡然无存。路边的行道树多为合欢、女贞,还竖了很多唐诗诗柱。我们边走边读,开心极了。访大雁塔,探寒窑,只是寻找秦二世墓时,却没能找到。向人打问,说在附近,但就是找不着,只好废然而返。

此后,我便常到曲江散步,有时在清晨,有时在午后,有时还在灯火闪烁的夜里。散步时,我有时还会无端地想,"三月三日天气新,长安水边多丽人。"杜甫在写这些诗句时,大概也和我一样,和朋友在曲江沐着和煦的风逛荡吧?不同的是,他们可能骑了驴或马,还喝了酒,我则是徒步,没有喝酒。

"波光鸟影,澈水静流,已成为历史。歌楼画舫,箫鼓笙声,已成为古迹。没有了士人淑女踏青游乐,没有了杨柳拂岸,歌姬倚门的风流。它们留在了唐代,藏进一本本书里。风景不再。斯人已逝。如今,唯留下一块陆地,留下一个个动人艳丽的故事,供后人瞻仰、咀嚼、赏玩。"这是我多年前游览曲江时写下的一则短文。① 如今再读,仿佛是一个梦。时空转换,我记忆中荒烟乱草的曲江已不复存在,如今,展现在我面前的是一个全新的靓丽的曲江,她款款绰约的风致,让世界都为之惊呆。

❶ 文章结尾表达了作者对全新亮丽的曲江的赞美与自豪,荒凉萧瑟的曲江已经成为过去,现在曲江景色美不胜收,令人向往。

延伸思考

1. 作者与同学访友不遇，匆匆趁着夜色返回的时候，采用了什么方法？

_____

_____

2. 文章最后表达了作者什么感情？

_____

_____

昆明池秋韵

名师导读 ▶

　　昆明池是西安市一处著名的景点，文章详细描写昆明池秋天的美景，上溯古籍古诗中对昆明池的记载和描写，古人喜欢昆明池，作者亦是如此，那让我们也去领略一番昆明池秋天静美的景色吧！

　　① 在我有限的阅读中，我以为古人写秋水之美者，莫过于屈原的"袅袅兮秋风，洞庭波兮木叶下"，王勃的"落霞与孤鹜齐飞，秋水共长天一色"，贾岛的"秋风生渭水，落叶满长安"。前两者写的皆为江南之秋水秋色，唯有后者写的是我的家乡长安秋意阑珊时，落叶如蛱蝶翻飞，落叶满地的情形。从私心里讲，我更喜欢后者。因此，每年的秋日里，每逢秋风萧瑟的晚秋时节，我都会口诵默忆这两句诗。兴致高时，还会研墨吮笔，抄录这两句诗，并把抄录好的宣纸，张之于墙，端详一番，体味一下诗的意味。诗之意境固佳，

① 文章开篇采用引用诗句和对比的手法，表达了作者对贾岛"秋风生渭水，落叶满长安"诗句的喜欢，体现了作者对家乡景色的情有独钟。

但我没有真正见过这种景象。究其原因，我尽管生活在西安城里，但住在南郊，而渭河在北郊，距我住的地方较远，很少有机会去；二则今天的渭河已全然不是唐人笔下的渭河了，去了恐遇失望。想一想，还是罢了，还是让它留存在我的想象里吧。不看秋日渭水，但长安地面上，秋天里可看的水域还是很多的，譬如昆明池，秋阳下、秋风中，如有暇看看，亦有良多趣味。

① 昆明池在沣水东，系汉武帝为征讨西南诸国，为操演水军而开凿的。汉时，水域面积达十平方公里，唐时扩建至十七平方公里。在少雨干旱的北方，能有如此广阔的水面，确属罕见。惜乎唐之后，由于历代柄国者疏于管理，加之古今气候、地理的变化，到民国年间，已干涸为陆矣。中华人民共和国成立后，虽修建斗门水库，但面积不大，周围仍为众多的村庄所环绕。至西咸新区成立，并主导其事，才稍增其旧制，迁村疏池，引清流注之。不到几年，已有汉唐时风致矣。我是戊戌年十月下旬的一天下午来到昆明池的，来了一看，就一下子喜欢上了。

② 我的第一个感觉，昆明池有野趣。昆明池虽为人工开凿，但目前的建设者们在施工时还是充分考虑到了自然天成这个因素的。漫步昆明池的廊桥上，或者散漫地行走在堤岸上，目之所及，少见现代建筑，唯见一片烟波浩渺的大水静卧在天地间。夕阳铺水，金晖满池。而池边，芦荻瑟瑟，岸柳依依。③ 芦苇中，时而还能见到野鸭子的踪迹，它们在水中悠然地游着，让人感到一种无言的静谧。

① 此处介绍了昆明池的地理位置，并介绍了它的历史，为下文的叙述做铺垫。

② 这是一个总起句，表明昆明池有野趣，激发读者的阅读兴趣并引出下文。

③ 此处采用衬托的方法，描写了芦苇中有野鸭子在悠闲地游泳，更加衬托了昆明池的静谧，富有野趣。

昆明池当然是有故事的，除了牛郎织女的传说外，还有一些奇异的故事，亦足让人迷醉。秋夜无事，偶翻《三秦记集注》，就见到这样一则笔记："昆明池中有灵沼，名神池，云尧时治水，尝停船于此池。池通白鹿原，原人钓鱼，纶绝而去。梦于武帝，求去其钩。三日戏于池上，见大鱼衔索，帝曰：'岂不谷昨所梦耶！'乃取钩放之。间三日，帝复游池，池滨得明珠一双。帝曰：'岂昔鱼之报耶？'"武帝救鱼，鱼衔珠相报，故事虽荒诞不经，但劝人为善的意旨还是明晰的，也是好的。美池有了这样优美的传说，也自然多致有色。

①在水边见到了一大片残荷，足有四五十亩的样子，荷梗枯硬，宛如钢丝，挺立水中；而荷叶枯黄，或蜷缩，或铺张，擎于梗上，亦擎于水面上，让人顿觉秋意已深。如若在夏日，这片荷田当是另一副模样吧？荷叶田田随风起舞，而荷花亦如浴后的少女，愈加亭亭玉立，香飘十里了。若荷田中有了采莲人，则更见有韵致了。但我还是更喜欢秋天的荷田，经过一个夏天的热烈后，秋天的荷田更有一种沉静美。和我一样，很多古人也是喜欢昆明池的秋天的，如南北朝时的江总，隋朝的元行恭、薛道衡，唐朝的贾岛等。②我尤其喜欢贾岛的《昆明池泛舟》："一枝青竹榜，泛泛绿萍里。不见钓鱼人，渐入秋塘水。"舟溯秋水中，心意淡远，令人神往。可惜此时昆明池上无舟，如有，我一定会效法贾夫子，"桂棹兮兰桨，击空明兮溯流光"了。想及此，不觉失笑。回望池上，但见夕阳欲坠，落日熔金，水面上光影明灭，昆明池又在瞬间换了一身装束矣。

❶ 作者在水边观赏到一池枯荷，并采用比喻的修辞手法，生动描写了荷梗坚硬如钢丝，荷叶倔强地擎于上面，令人感受到了浓浓的秋意。

❷ 作者引用贾岛的《昆明池泛舟》一诗，不仅表现了作者对贾岛诗句的喜爱，而且借此表达作者沉静的心态。

起风了，秋风萧瑟，一片片树叶如黄色的蝴蝶飘舞着，落入池中，水面上，便荡漾起一个个的涟漪，如诗，亦如梦。

延伸思考

1. 文章开篇引用的诗句分别出自哪位作者的哪首诗作？

_____

_____

2. 文中"我的第一个感觉，昆明池有野趣。"一句有何作用？

_____

_____

3. 作者在最后一段是如何展现对昆明池秋景的赞赏？有什么好处？

_____

_____

寻梦莲湖公园

名师导读▶

　　莲湖公园是西安的重要景点之一，作者对其的最初印象是二十多年前与妻女游览的情景，作者中年在雨中重游莲湖公园却感慨良多。时光荏苒，物是人非，但庆幸的是莲湖公园此时已是百姓的公园，人们在这里幸福地生活着……

　　我对莲湖公园最初的记忆，当在二十多年前。^①那时，我住在小北门外的纸坊村，节假日无事，我和妻子带了女儿逛街，常去的地方之一就是莲湖公园。莲湖公园那时还收着门票，虽仅有两毛钱，但对讲究过日子的升斗小民而言，还是觉得有点儿贵。要知道，那时候物价便宜，两毛钱可买三四斤白菜萝卜呢。有三四斤白菜萝卜可煮可炒，不比逛什么劳什子^[1]公园强？因此，那时的莲湖公园内，游人很少，除了年轻

❶ 文章开篇点题，点出了作者经常带妻女到莲湖公园玩耍，体现了作者对莲湖公园的喜爱，引出了下文。

---

[1] 劳什子：方言，指令人讨厌的东西。

① 描写了夏日里，莲湖公园内荷花盛开、绿叶茂盛、鱼儿游水、蜻蜓飞舞的绝美场面，并采用拟人的修辞手法，生动形象地描写了荷花的艳丽、荷叶的稠密，使人浮想联翩。

的父母亲带着自己的孩子去玩，再就是谈恋爱的青年男女，老年人不是绝对没有，而是很少。这样，莲湖公园内便显得很安静。①夏日里，白的、红的荷花，在不大的湖中无声地开着，寂寞而热烈；那碧绿的如盖的叶也是肩比肩、叶覆叶地静静地挺立着；有鱼儿在下面游，有蜻蜓在荷叶上飞，花叶虫鱼便组成了一幅很好看的画。微风起时，花枝摇曳，画也变得灵动起来。要说有吵闹，那就是蝉鸣。湖边的高杨大柳上，无数的蝉儿不管不顾，长声的短声的，粗声的细声的，震耳欲聋，简直叫成了一锅粥。人烦则烦矣，但从中也体味到了乡村的野趣，体味到了置身大自然的快乐。冬日里，园中树木上的叶子凋落了，湖中的荷也枯萎了，春夏里显得秀润的山也变得嶙峋起来。落雪了，满天的玉蝴蝶翩跹着扑向大地，园中为之一白。此时的莲湖公园显得素、净、静，当然，还有一些冷凝的诗意。随意地在园中行走，总疑心会遇到遗世的高人。但这也只是个人的疑心而已，事实上，它还是被市廛包围着，置身在十丈红尘里。

　　人到中年，心事浩茫，多了俗事，少了闲心。古人所云的"寻常是福，能享即仙"，我辈是全然做不到。这也不仅仅是举家搬迁到南郊的缘故，事实上，我已多年没有再踏入过莲湖公园。不只莲湖公园，别的公园也很少涉足。因了喜欢写作的缘故，我偶然还去一下深藏在莲湖巷里的市作协，和几个相熟的朋友喝茶聊天。谈天之余，偶一抬头，透过明净的玻璃窗，便看到了一墙之隔的莲湖公园。②望着园中碧绿的湖水，

② 作者望园兴叹，感慨时光之匆匆，感慨人生之匆匆，可以看出作者心中几多惆怅，触景生情。

望着园中蓊郁的林木，想起青年时带女儿游园的事，心中便一再地喟叹，叹时光之匆遽，叹光阴之易逝。人生易老，何时再寻旧时尘梦？

今夏一个落雨的正午，我突然心血来潮，想去看一下久违的莲湖公园。看一下在落雨的日子里，莲湖公园究竟是一种怎样的景致。这样想着，便打上伞，一个人去了莲湖公园。和二十年前不同的是，如今的莲湖公园，早已不收门票了。我沿着湖畔，迤逦而行。① 园中花木依旧，景物依旧，清幽依旧，但多了一些游乐设施。可以想见，晴日里，园中肯定是游人如织，热闹一片。游园的、锻炼的、垂钓的、遛鸟的、谈情说爱的……应该都有吧。即使目下，也有不少和我一样的游园者。我望着雨中寂然盛开的荷，听着沙沙的雨声，思绪不觉间已逸奔到天涯。

莲湖公园内人文景观亦很多，且不说抗战期间，西安各界捐款在公园东门里广场修建的"抗日阵亡将士纪念碑"，中共中央社会部西安情报处在此建立的秘密联络点奇园茶社、小萝卜头雕像……单是莲湖本身，即为明代时所开凿。② 不过，彼时的莲花池为明太祖次子朱樉所拥有，系王府花园。而当下呢，则为莲湖百姓所拥有，为西安百姓所拥有。工作生活之余，附近的居民，可尽情地游玩，享受。莲湖公园是美丽的，清幽的，生活在这里的市民也是幸福的，尤其是在夏夜里，有荷香入梦，那梦也该变得更幽远更清芬吧。

❶ 描写了作者在落雨之时去莲湖公园看到的景物依旧，但也有了一些不同，物是人非的遗憾充斥心中。

❷ 此处采用对比的手法，彼时的莲湖公园是属于贵族一人所有，而现在的莲湖公园属于百姓所有，两者形成鲜明的对比，体现了作者对生活在这个时代的感恩以及强烈的幸福感。

延伸思考

1. 文中"湖边的高杨大柳上，无数的蝉儿不管不顾，长声的短声的，粗声的细声的，震耳欲聋，简直叫成了一锅粥"一句有何表达效果？

_____

_____

2. 文章最后一句有何作用？

_____

_____

★参考答案★

第一辑　乡野志

【鸟　群】

1.CE

解析：C 项中"意在突出作者小时候天真、活泼、淘气和爱鸟"一句理解错误，一般写文章的主人公一角，都不会仅仅是写他"淘气、爱鸟"等，要把格局打开，注重理解隐藏着的主人公的某种优良品质或者特别的内心活动，比如说"作者万分欢悦的心情"。E 项对文章进行了主题概括，但是"对童年美好时光消逝的不舍"理解错误，作者只是想借"鸟群"来表达对工业化时代下的乡村环境被严重破坏，地球环境越发不堪的担忧之情，这是文章主题。

2. 开头写回家乡不见鸟群的怅然若失，接着回忆家乡春天和夏天的鸟群"令人陶醉的景观"，再写秋天的鸟群最让作者"痴迷"，最后表达作者对家乡环境被破坏、家乡鸟群消失的忧思。

解析：问题要求我们以"鸟群"为线索，分析文章的行文脉络。首先要通读全文，按照不同事件或者时间的发生划分成不同部分，比如本文中有些关于时间的词语便可以很好地帮助划分：春天、夏天、秋天。由孩童时期写起，按照季节的先后顺序续写儿时趣事，最后用"鸟群"的消失，儿时风光不再来收束全文，借此表达对当今环境糜烂问题的忧虑。

195

3.①烘托：用秋风秋雨、原野金黄营造氛围，烘托后文所写的秋日见到的鸟儿们；用丽日碧空烘托南飞的大雁，突出描写主体。②视听结合：在视觉方面，"金黄""碧"等色彩有很强的视觉冲击力；在听觉方面，写到鸟儿的鸣叫声、呼啸声，真切可感。③比喻：将麻雀呼啸而起比喻成风暴骤起，把停留在秃树上众多的麻雀比喻成茂密的树叶，形象生动地描绘出鸟群壮观的景象。

解析：本题考查学生对描写方法和修辞手法的理解和掌握能力。"呼啸的麻雀群，若风暴骤起于萍末""麻雀群停驻在十几棵光秃秃的树上，树上便立刻像长满叶子"明显是比喻句，形象地写出了鸟群规模庞大、令人倍感生机勃勃。"视听结合"，只需要找到描写声音的句子："杜鹃声声，黄莺乱啼，麻雀亦叽叽喳喳""外面已是一片明媚；阳光已越上了窗棂，爬上了树木梢顶"，极其富有生机与活力的动植物交织在一起，视觉与听觉的结合，使人顿感真实亲切。

4.①"说不清楚"含义丰富，语气沉重，表达了作者内心的忧思和期盼。②作者的意思是说，现实环境生态破坏严重，如果再不高度重视环境保护、切实改善生态，故乡环境就会进一步恶化，连麻雀这道最后的风景都会消失。③其实，作者真正要表达的不仅是对故乡环境、生态的忧虑，更是对整个社会生态现实的忧虑。如果我们继续污染环境、破坏自然生态，本就脆弱的生态环境会不堪重负，带来的恶果也只有我们人类自己承受。

解析：首先分清楚这是两个问题，然后带着问题去读文章：文中作者回忆了儿时环境美好、动植物与人类和谐相处的美好场景，又画风一转写到了因为全球生态环境的恶化导致故乡环境与从前大不一样，令人忧心，"说不清楚"是因为作者对当下人类形势十分忧心，难以想象如果再不加以遏制，我们的家园未来还会变成什么样子。这便是文章大体上想要表达的内容，所以要呼吁人们放缓越来越快的生产生活节奏，把目光再次放回我们生活的地球，呼吁人们寻找另一种对人类、对自然两全其美的方法，做到真正的"人与自然和谐共生"。

【堂前燕】

1. 这篇散文表达了要爱护动物、人与自然和谐相处的思想。当人人都有了保护动物的意识，"旧时王谢堂前燕，飞入寻常百姓家"就会成为常态。

2. 燕子是一种非常恋旧、爱家的动物，它们不会不劳而获，它们相信用自己的劳动换来的成果，会住得更加安心。

3. 文章最后采用疑问句结尾，激发了读者兴趣，体现了作者的期待之情，可以看出作者对燕子的喜爱之情。

【母亲的菜园】

1. 老宅在村南，建成于二十世纪七十年代，是一座坐南向北的三间大瓦房，且有一个小院。

2. 小院被浓荫遮蔽，显得阴湿；极少有花草生长，生出了绿苔；树木疯长。

3. 被斫去之前：各种果树枝叶繁茂得如在院中堆积起了绿云，春夏走进院中，绿色直逼人的眼目，看上去倒是很舒服，但院中几乎被浓荫遮蔽，显得很阴湿。之后：斫去树木的院子，一下子变得豁亮起来，风也流动得更加的畅快了，雨雪也痛痛快快地落到了院中，但也失去了鸟雀的声音。

【桐花令】

1. 因为作者的家乡长安稻地江村就在关中平原的南端，靠近终南山一带，这里自古就是桐树的故乡。

2. 父亲取来油瓶，给锯断的两棵桐树的树心里，分别灌入一些菜籽油，然后用塑料布包裹上，用细麻绳扎紧。

3. 作者每次经过这里，都会看一看这两棵桐树，可以看出作者对桐树的喜爱之情，但他看到桐树就想到了故乡，想到了故乡的桐树，体现了作者的殷殷思乡之情。

【躲在季节里的村庄】

1. 运用场景描写、细节描写、动态描写，描绘了一幅热闹非凡的一群鸟儿吃柿子的场面，表达了人与鸟儿要和谐相处的细腻情感。

2. 一方面，家乡的人们信奉一句话：天造万物，有人一口，就有鸟一口；另一方面，他们固执地认为燕咋啦鸟光临谁家的树，是这家人的荣耀，说明这户人家仁厚。

【玉　兰】

1. 因为樊川在历史上非常有名，且历史悠久，本文着重介绍樊川，不仅为文章增添了历史韵味，而且为下文展开叙述做铺垫。

2. 一个"撞"字，描写了看到玉兰树的突然，不期而遇地碰到了这令人着迷的玉兰花。

【八月的庄稼地】

1. 文章引用儿歌，生动形象地描写了蒺藜草匍匐在地上努力向前开花结果的样子，增强了文章的艺术特色。

2. 作者喜欢八月与他的父亲有关，他的父亲是在八月去世的，这种伤痛是无法忘怀的。

【雨】

1. 他不愿意酣睡，他也悠闲地在野地里转，但更多的时候是给麦田施肥；也会在我家的院子里辟出一块隙地，栽上一两畦韭菜，点上几窝南瓜，种上一些西红柿、黄瓜，还有豇豆、辣椒、茄子什么的。

2. 到了夏季里，我和弟妹们就会有带着嫩刺的鲜黄瓜吃了，就会有粉红色的西红柿吃了。还有那几窝南瓜，它们会扯出长长的藤，开出鲜艳的黄花，一直顺着墙爬上墙头，结出好多南瓜。甚至，把瓜儿结到邻居张大妈家的院里。

【场　院】

1. 场院一年中被用得最多的时候是夏秋两季收获季节。

2. 每当夏秋这两个时节，生产队里所有田地上出产的东西，便被全部搬到了场院上。这时，场院上便像召开了一个庄稼的博览会，有麦子，有水稻、谷子、苞谷、大豆、红薯，等等，不一而足。这里面，除了麦子是夏季作物外，其余都是秋季作物。

3. 外貌、动作描写。此处寥寥几笔将父亲在场院打场的情景淋漓尽致地刻画了出来，体现了父亲的辛劳。

【豆腐坊】

1. 一是可以吃到香喷喷的豆腐锅巴；二是可以到喜子家的大院子里去玩。

2.（1）喜子家院子大、有大槐树、有平坦大石，可尽情玩耍；

（2）年逢五月，槐花的香味满院飘香。

3. "呼啸"一词，描写了孩子们奔跑速度之快，可以看出孩子们迫切地想吃到豆腐锅巴的急切心理。

【园林场往事】

1. 先是杏花开放，随后桃花、苹果花也次第开放，或粉白，或嫣红，吸引得蝴蝶在花丛中流连，吸引得蜜蜂不分昼夜奔忙采蜜，也吸引着我在果园里疯跑。

2. 把蒿草刈倒，晾干，拧成火绳，临睡前在高架棚下点燃，会散发出一种辛辣味，蚊子一遇到这种烟味，便会四散逃窜。这样，我和叔父也就不惮蚊子的叮咬了。

【年 灯】

1. 这种灯类似浑圆的宫灯，有足球那么大，中空，上下各有一个圆孔，下孔有一个活动的方形或圆形的木块，木块上有一个小洞，用以插蜡烛；上孔有一根灯系，灯系上有一根小棍，孩子们就是点上蜡烛，然后挑上这根灯棍，而四处游走的。

2. 动静结合。采用动静结合式写法，使静态景物灯笼与动态景物漫天飞雪融合在一起，把景物写活了。

【温暖中的疼痛】

1.采用对比的修辞手法，通过同是外乡人对待返乡的心情却大相径庭。反衬我对回乡过年兴趣不大。

2.父亲远赴海南学习水稻改良技术的时候，为了不麻烦当地老乡，自己学会了做饭。

3.每年过年时到舅舅家去，父亲都会喝得微醺。而回家时，舅舅都会一送再送，直到把我们送出村，送到太乙河畔，才依依不舍地分手。待我们过了河，回头一望，舅舅还站在河的那一端，向我们招手呢。

【秦　腔】

1.（1）照应开头提到的，骤然响起的歌声在坚冷的夜中。

（2）可以消除寂寞忧愁，去除寒冷。

2.这声音是带铜质的，是经过亮丽的阳光打磨过的。这声音是带峻冷之气的，是经过西伯利亚冷风揉搓过的。这声音还是带血丝的，它自吼唱者的肺腑发出，磨烂喉咙，因之，有一种悲壮的肃杀的气势。

第二辑 风物志

【螃 蟹】

1.D

解析： A项中"欲抑先扬"明显错误。文中明显先提到"关中无螃蟹"的错误说法，然后以自己的亲身经历"我就曾在村外的小峪河里捉过螃蟹"来推翻沈括先生的说法，此为欲扬先抑。B项，文中并没有十分明显的时间变化的关键词语，每一段都在围绕螃蟹的不同方面展开论述：螃蟹的出处、螃蟹的品类以及螃蟹的诗歌等，由此可见，本文是根据"螃蟹"这一线索展开叙述。C项，本文是一篇散文，仔细浏览一遍文章我们可以看出作者并没有抒发自己的志向或者一些对社会现象的看法，只是单纯地描写了有关"螃蟹"的一些趣事。而末尾一句"至于螃蟹性躁，用心不一，这一点颇与时下的许多人相类，让人浩叹"也只是一句感叹，并未有"托物言志"一说，错误。因此只有D项分析正确。

2.（1）作用：①内容上，点明了文本一的写作对象，概括了主要内容。作者记叙了和村里的孩子一起捉螃蟹、吃螃蟹的童年经历，穿插着《梦溪笔谈》等关于螃蟹的记载、逸事、人物、诗画；②结构上，文本一中"螃蟹"是全文的写作线索，串联全文，使文章结构紧凑，主题突出。

解析： 本题考查标题的作用，这样便需要从文本结构和内容入手：首先通读全文可以得到一串线索，即文本是按照引出螃蟹——儿时捉螃蟹吃螃蟹——螃蟹名字的由来——有关螃蟹的诗词这样的顺序来写的，文本一紧紧围绕着"螃蟹"这一字眼展开叙述，使全文中心明确、结构上更加紧凑。

【春天的野菜】

1. 荠菜、麦瓶儿、胖官、水芹菜等。

2. 那真是一件心旷神怡的事儿，棉袄脱了，一身轻松，在煦暖的春风中，在碧绿的麦田中，蹲下身子，边说笑着，边寻觅着挑挖着荠菜，偶一抬头，天蓝云白，似乎连心都飞到白云间去了。

3. 凉拌、包饺子、荠菜水饭、荠菜面等。

【里花水的花事】

1. 里花水在西安西南方，距市中心十五六公里，南三环、西三环在此交会，原来应该是一个村庄，但现在已经没有了村庄的影子，高楼林立，车水马龙的，比较繁华。

2. 熟稔：这里是指作者对里花水变得熟悉了。

3. 比喻、夸张。

【灰灰菜】

1. 灰灰菜为一年生植物，其叶黄绿色，间有紫红色者，呈菱形，边缘为锯齿状。枝干初为绿色，老则变为紫红色，甚好看。

2. 作者在下乡扶贫的时候，在老乡的家里看到一棵三米多高、枝干粗如擀面杖的灰灰菜，证明了古人的说法。

【秋　荠】

1. 春荠不如秋荠鲜美、肥硕；秋荠不如春荠量多，生长环境不同；春荠食用方法多种多样；秋荠做荠菜面最好吃。

2. 拟人手法。

3. 动静结合的写法。这段描写静中有动，动静结合，把景物写得活灵活现，使读者如身临其境。

【丝　瓜】

1. 这里巧妙引用《诗经》里的名句，指出了终南山是非常有名的，也体现了终南山的历史悠久，增强了文章的艺术特色。

2. 盛夏和初秋时节。

3. 药用。

【木　槿】

1. 与祖父去忙罢会走亲戚时在寅生伯家的院子里看到的。

2. 农人们辛苦了一个春夏，麦子收割了，稻秧插进田里，玉米、豆谷种进了地里，此时进入了一年中的第一个农闲时节，亲戚朋友之间便要互相走动一下，联络一下感情，问问彼此的收成，这样便有了忙罢会。

3. 比喻成人的一生，生动形象地描写了作者对人的一生的感慨。

【石 榴】

1. 此处采用比喻的修辞手法，把石榴花蕾比喻成一个个通红的小宝瓶，把绽开的石榴花比喻成一束束火焰，生动形象地描写了石榴花的可爱、艳丽。

2. 慈祥的祖母。

3. 不同意。汪曾祺先生以为，食石榴是得不偿劳，吃了满把的石榴籽，结果吐出来的都是渣。作者以为，吃石榴吃的就是个味儿，酸的，甜的，哪里能像吃饭一样，往饱里吃呀！

【说 梅】

1. 一处在环城公园朱雀门段，一处在西安电子科技大学老校区，一处在长安区少陵原畔的杜公祠。

2. 黄色蜡梅。

3. 引用了清朝人李伯元《南亭随笔》中所记载的故事，借历史上发生的因梅杀人的悲剧，说明爱梅之人不一定品格高贵。

【紫 薇】

1. 树不高，也就不到三米的样子，但确实有了一些年岁；树干很光滑，很粗，还扭曲着；树枝上不见一片叶子，唯有一些黑色的豆状的果实，但上面也堆满了雪。

2. 要了一幅繁花落尽后的紫薇图画。画面上，数枝紫薇干扭曲着挺然而立，铁干虬枝，枝上着一些还未落尽的叶片，而顶部则是如铁样黑的萌果。

3. 因为那里的紫薇树高及屋檐，树冠硕大，万花似锦，所以令作者震撼。

【荷】

1. 北方。

2. 类比的写法。作者把对荷的感情类比成相处时间很长的邻居，体现了作者对荷淡淡的喜爱之情，在荷的身上寄托了思乡之情。

3. 动态描写。作者描写了荷田里水中有鳝鱼、泥鳅，还有跳来跳去的青蛙，荷叶上的露珠滚来滚去的，晶莹剔透，蜻蜓来回飞翔，荷田里一派热闹的场景，把景物写活了。

【柿 树】

1. 柿子树耐贫瘠、耐干旱，生长缓慢，但柿子树易活好管，稍有一些土壤水分，就能迎风而长，并结出通红味美的柿子。

2. 以果型和味道来分，大约有水柿、火柿、尖顶、火晶、寡甘、面蛋等。

3. 夏日看蚂蚁上树，用一根线穿了柿花挂在脖子上做项链，上树捉金龟子、知了，在树下乘凉、荡秋千；秋日里爬上树摘柿子，用铁丝扎红彤彤的柿叶玩，等等，都是让人着迷的事儿。

【夏日蝉声】

1. 蟪蛄原来就是寒蝉。寒蝉春生夏死，夏生秋死，自然不知春秋了。

不过，这里的"春秋"须说明一下，它并非我们常说的春季秋季，而是指一年。蝉寿命短，当然，不知"一年"是怎么回事了。

2. 寺庙里。

3. 反问手法，加强了肯定的语气，增强了表达效果。

【喜　鹊】

1. 喜鹊样子很喜庆，圆圆的小脑袋，尖尖的喙，黑白相间的身躯，长长的尾巴，可以说是人见人爱。

2. 缘由有二，一是我自小生活在长安乡下，喜鹊多见，见得多了，就如乡邻一样熟悉了，熟悉了便心生欢喜；二是觉得这种鸟好看，叫起来也好听。

3. 对比。

【樊川晚浦】

1. 对家乡的深深挚爱。

2. 樊川是指东起大峪，西至韦曲，这一片广袤的川地。其东阔而西狭，长四十余里。它南临终南山，西倚神禾原，东北为少陵原，中间潏水流焉。

3. 终南山中多流水，而流入樊川者，经粗略统计，就有大峪河、小峪河、白道峪河、洋峪河、土门峪河、蛟峪河、太乙河。

【八　渡】

1. 三次，前两次是夏季，而第三次是秋季。

2. 引用，作者巧妙引用古诗，生动描写了八渡之水的清澈，可以荡涤人的心灵。

3. 比喻手法。作者看到葫芦，把葫芦比喻成一个个憨婴儿，生动刻画了葫芦的可爱样子，使那样幽静的环境立即注入了鲜活的生命力，小园子充满了生机。

【云和树】

1. 去过永寿几次，但都是匆匆而过，没有留下多少深刻的印象。一个印象是，这个县的名字起得好，一提起就让人心生喜悦；另一个印象是，永寿县境内槐树多，槐花、槐花蜜有名。

2. 比喻。

3. 这首小诗描写了河西走廊那云白树绿的美景，但与云集的云和树的美景形成鲜明的对比，体现了云集风景的独特。

第三辑　都市志

【四个小板凳】

1.四个小板凳　　最爱　　父亲　　拳拳　　殷殷

解析：本题考查学生对文章的概括能力。文章核心内容是父亲亲手做的四个"小板凳""有些土气"，照应了问题中"普普通通"四字，所以第一空填"四个小板凳"；"却是我的……"表明这个东西和我有着非同寻常的关系，此处应填一个形容词，"但它们却是我的爱物""但我依然喜欢它们"说明板凳是"我"的"最爱"。第三空很明显用原文的话就是填"父亲"二字；"……的心、……的情"，对于学生的成语功底要求较高，从"拳拳之心，殷殷之情"之中便可找出答案。

2.（1）本句运用对比手法，突出地写出了"我"对这"四个凳子"难以割舍的深厚感情。

解析：表现手法有托物言志、借景抒情、叙事抒情、直抒胸臆、衬托、卒章显志、铺陈、象征、想象等，本句很明显可以看出作者将丢弃家具和书籍与始终珍藏着的四个小板凳作了鲜明的对比，由此可以感受到作者对"四个板凳"深厚的情感。

（2）"无数次"极言次数之多。作者"无数次"梦到父亲，写出了虽然父亲离"我"而去，但"我"对父亲的思念却更加强烈。

解析：首先看到"结合语境"，就需要浏览该句上下文内容，找出它们可能存在的关联，并加以修饰。第四段中写随着时间的流逝，父亲也因为年岁较大而离开人世，问句直言对已故父亲的追思之情，感人肺腑。这更加突出了父亲留下的"四个小板凳"对于作者往后的精神寄托的作用之重要。

3. 这句话运用充分的想象，生动写出了父亲虽离"我"远去，但他对"我"的深情，对"我"的厚望，对"我"的期待，能让"我"时刻感受到，他时刻鞭策"我"自新，激励"我"前行。

解析： 画线句将父亲对作者无形的思念哀情做了充分的想象，将无形的哀思拟人化，比作深情的目光、忧伤的目光。表达了作者对父亲生前那些不言于表面的教导的追念，并且更加坚定了作者从今以后自我勉励、自我反思的自省之意。作者将对父亲的思念转化为人生在世努力奋斗的动力，势必要将自己的一生过得有意义。

4. 欲扬先抑手法。本段开始部分，"我"总觉得凳子有些"土气"，甚至怪父亲"多事"，而电镀椅子"新潮又喜庆""能折叠""用起来很方便"，因而冷落板凳，这是"抑"；后来电镀椅子散了架，弄得"我"很没面子，而那些小板凳"既结实又稳当"，"我""用久生情"，逐渐喜欢上了小板凳，这是"扬"。如此抑扬结合，令人印象深刻。

解析： 第三段篇幅较大，可以大致将其分为两部分来分析：一是"小板凳"被冷落时，二是小板凳被重用时。第一部分写"总觉得这些凳子有些土气""把四个小板凳摞到墙角，一任灰尘降落"。初用之时，尚且觉得碍手碍脚的，不甚珍惜父亲的心意，对小板凳不太在意，这是"抑"；再之后，当花哨的"电镀椅子"出了事故之后，开始体味到"四个小凳"的实用之处，并且逐渐产生了依赖以及喜欢，开始将"小板凳"真真正正视为家庭中重要的一部分，这是对"小板凳"的"扬"。

正反方面的对比更加鲜明地突出"小板凳"对作者的影响之大，更加加深了对其的印象。

5. 在结构上，"四个小板凳"是全文的写作线索，起到贯穿全文的作用；在内容上，"四个小板凳"满含浓浓的亲情，是父爱的象征。

解析：题目中问到"四个小板凳"的作用，首先要想到从文章结构和内容上面来作答，分别分析某一事物或者某一句话的具体作用。"四个小板凳"是本文的标题，通读全文不难看出文章主要便是围绕着"小板凳"来展开叙述的：首先写制作小板凳的原因，其次是小板凳的使用历程，最后围绕小板凳写了作者的种种感悟，所以结构上的作用便是充当行文线索、贯穿全文始终。而在内容上：小板凳由父亲亲手制作而成，充满着父亲无声而真挚的爱，父爱如山，代表着天下父亲们浓浓的爱意，升华了文章主题。

【城墙上空的风筝】

1. 北京人和西安人都喜欢放风筝，但西安人多在春秋两季放风筝，而北京人一年四季都放。

2. 环城公园的护城河边，有时候也会在城墙上放风筝。

3. 城墙上视野开阔，天高风疾，是放风筝的理想所在，故为许多喜好放风筝的人所青睐。

【小南门】

1. 春夏秋冬四季。

2. 作者无意间翻看了朋友宿舍里的《西安文史资料》，一下子被里面的文史掌故及历史事件所吸引。

3. 勿幕门。

【粉 巷】

1. 古旧书店门脸不大，有三四间铺面那么大，中开一门，门头高悬一匾，上书由鲁迅先生题写的店名：西安古旧书店。字是雕刻上去的，黑底绿字，不扎眼，和房屋上的青色小瓦搭配起来很协调，显得典雅而庄重。

2. 采用比喻的修辞手法，生动形象地描写了作者如同一尾鱼游弋在书店知识的海洋，体现了作者逛书店时非常愉悦、惬意的心境。

3. 文章结尾作者直抒胸臆，表达了对粉巷的喜爱之情。

【西安的早春】

1. 设置悬念，这样能激发读者的兴趣，引出下文。

2. 春的信使。

3. 梅林，这样写足以体现作者对梅林的关注。

【环城公园】

1. 对比。

2. 意在突出新千年以后环城公园的巨大变化，以及环城公园的美丽景色。

3. 新年过后虽然天气还有些寒冷，但城头飘荡的风筝已经在向人们报告着春天来临的讯息，风筝就是春天的使者。

【文昌门】

1. 一是去文昌门附近见友人；二是文昌门附近有一家作者喜欢的小书店。

2. 一条是出小南门，沿环城公园，一路向东，至文昌门。另一条是走湘子庙街，穿过南大街地下通道，经书院门、碑林，抵达。

【青龙寺】

1. 青龙寺是佛教里密宗的祖庭，又有惠果、空海等在此修行过，幽静则和荒山野寺有共同处。

2. 作者认为诗写出了诗人当时的心境，写出了对人生的眷恋。

【曲　江】

1. 衬托，通过描写了作者访友不遇，急匆匆地趁着夜色返回，以动衬静，衬托了野外更加静寂，使人产生一种恐惧感。

2. 文章结尾借"梦"与"时空转换"既表达过去的曲江已不复存在，又表达了作者对全新亮丽的曲江的赞美与自豪。

【昆明池秋韵】

1. 屈原的《九歌·湘夫人》、王勃的《滕王阁序》、贾岛的《忆江上吴处士》。

2. 此句为总起句，点明昆明池"有野趣"的特点，引出下文，同时激发读者的好奇心和阅读兴趣。

3. 作者在最后一段引用贾岛《昆明池泛舟》一诗，描写了舟溯秋水中，心意淡远，令人神往的美景，增强了文章的艺术性。

【寻梦莲湖公园】

1. "震耳欲聋"一词体现了蝉鸣叫声之大，"一锅粥"则体现了蝉的聒噪。本句运用拟人和夸张的手法，生动形象地描写了蝉鸣的肆无忌惮与声音响亮。

2. 文中最后一句总结全文，并照应文章题目"寻梦莲湖公园"，使文章结构完整。

— 中高考热点作家 —

中考热点作家

序　号	作　者	作　品
1	蒋建伟	水墨色的麦浪
2	刘成章	安塞腰鼓
3	彭　程	招　手
4	秦　岭	从时光里归来
5	沈俊峰	让时光朴素
6	杜卫东	明天不封阳台
7	王若冰	山水课
8	杨文丰	自然课堂——科学视角与绿色之美
9	张行健	阳光切入麦穗
10	张庆和	峭壁上，那棵酸枣树

高考热点作家

序　号	作　者	作　品
1	王剑冰	绝版的周庄
2	高亚平	躲在季节里的村庄
3	乔忠延	春色第一枝
4	王必胜	写好你心中的风景
5	薛林荣	西魏的微笑
6	杨海蒂	北面山河
7	杨献平	人生如梦，有爱同行
8	朱　鸿	辋川尚静